AF349350

Sincronización y sinergia empresarial

Gestión sistémica con la teoría de las restricciones (TOC)

Sincronización y sinergia empresarial

Gestión sistémica con la teoría de las restricciones (TOC)

Matías Birrell Rodríguez

Colección: Gestiona
Director: David Soler

Sincronización y sinergia empresarial.
Gestión sistémica con la teoría de las restricciones (TOC)

1.ª edición, Alpha Editorial, SA, Colombia, 2019, ISBN 978-958-778-598-2
2.ª edición, Marge Books, 2023

© 2023, Matías Birrell Rodríguez
© de esta edición, incluido el diseño de la cubierta, ICG Marge, SL

Edita: Marge Books
Brutau, 160 – 08203 Sabadell (Barcelona)
Tel. 931 429 486 – marge@margebooks.com
www.margebooks.com

Realización editorial (2.ª ed.): Núria Gibert y Mercedes Lara
Impresión: Safekat, SL (Madrid)

ISBN edición impresa: 978-84-19109-32-3
ISBN edición digital: 978-84-19109-33-0
Depósito Legal: B 7605-2023

El papel empleado en este libro no ha sido blanqueado con cloro elemental (Cl$_2$).

MATÍAS BIRRELL RODRÍGUEZ

Ingeniero civil de industrias con mención en mecánica,
Pontificia Universidad Católica de Chile. MBA
con mención finanzas, Universidad de Chile.
Con experiencia profesional como gerente comercial,
de operaciones, director de proyectos, director
técnico, en varias empresas chilenas.

Con experiencia docente en contabilidad financiera
en la Universidad Finis Terrae y en la Universidad
Gabriela Mistral y profesor de pregrado y postgrado
en temas de teoría de restricciones en la Universidad
del Desarrollo, en Chile.

Ha sido relator de seminarios en Asexma y Asimet,
y conferenciante en varias versiones de la Conferencia
Anual de TOCICO (Theory of constraints international
certification organization).

Prefacio

EL CONCEPTO DE pensamiento sistémico es muy simple. Consiste en tratar los sistemas como un todo distinto de sus partes.

Es difícil encontrar a alguien que niegue la esencia sistémica de casi todo en la naturaleza. Que un ecosistema es un sistema en equilibrio se aprende a edades muy tempranas. Y que una acción, aparentemente inocua, sobre una de sus partes, puede romper el equilibrio del ecosistema, alterándolo por completo, es algo que hemos aprendido a la fuerza, y es también algo de cultura general.

Por naturaleza entendemos el mundo físico, pero podemos extender el concepto a toda la realidad, incluyendo las organizaciones humanas. Aquí también es aplicable este concepto de sistema, por lo que el pensamiento sistémico debería ser la base de cualquier método para administrar organizaciones.

La idea está lejos de ser nueva. Russell Ackoff, Peter Senge, Jay Forrester, entre otros, han dicho por décadas que las organizaciones son sistemas y deben administrarse como tales.

La administración es un invento humano. Igual que muchos otros inventos, sus prototipos no funcionaron perfectamente bien en el primer intento. Y cuando algún invento se basó en un principio limitante, su funcionamiento era aceptable por no conocer nada mejor, pero al descubrirse un nuevo principio, el salto fue extraordinario. Un ejemplo es el avión, que empezó su historia propulsado por hélices. Esto limitaba la altura de vuelo y la velocidad. Con los motores a reacción, ambas limitaciones se movieron a nuevos niveles.

Pero si además alguno de sus principios está equivocado, la mejora del invento, al reformarlo basado en el principio correcto, es fenomenal.

Creo que una gran proporción de la academia y de las empresas ignoran un principio fundamental de la administración: su naturaleza sistémica.

En mi opinión, la simplicidad de este enfoque sistémico consiste en entender qué hace que una organización sea más productiva, y la administración debe lograr más de eso. Y ese algo es la sincronización entre las partes del sistema. Los síntomas que nos muestran dónde falta sincronización son siempre originados por conflictos, por lo que eliminar conflictos metódicamente es lo que debe llamarse administración científica.

Frederick Taylor fue un ingeniero estadounidense conocido por muchos como el padre de la gerencia científica. Escribió un libro[1] basado en sus experiencias de décadas, donde describe sus métodos de medición de tiempos y movimientos para mejorar la productividad, y es conocido por esto mismo. Como hoy han cambiado muchas cosas, los métodos de Taylor son aplicables a muy pocas actividades, por lo que he escuchado a más de uno referirse con desdén a la gerencia científica de Taylor.

Sin embargo, si uno lee su libro, se encuentra en el primer párrafo con lo siguiente: "El principal objeto de la administración debería ser asegurar la máxima prosperidad para el empleador, junto con la máxima prosperidad para el empleado".[2]

Es decir, eliminar el aparente conflicto entre los intereses del empleador y los intereses del empleado. Taylor tenía claro el principio de sincronizar, pero lo que quedó de sus enseñanzas fueron métodos adecuados para lograr eliminar ese conflicto en ciertas circunstancias, pero nadie se acuerda del objetivo. Sirva esta cita para reivindicar la memoria de uno de los grandes de la administración.

¿Cuántos otros han sido mal entendidos? Es difícil decirlo. Este libro pretende ordenar esta base de pensamiento sistémico para la administración, resaltando la extraordinaria contribución del Dr. Goldratt, porque su teoría de las restricciones (TOC) es el mejor cuerpo de conocimiento para aplicar el pensamiento sistémico.

Espero haber transmitido esta idea con la suficiente fuerza como para que muchos programas de educación gerencial reconozcan dos cosas: lo poco que hoy se enseña a pensar sistémicamente y lo simple que resulta usando la teoría de Goldratt.

La evidencia empírica sobra para respaldar todo lo dicho en este libro. Goldratt Consulting ya tiene muchos ejemplos de transformación a gerencia sistémica. Hay uno en particular que me parece impresionante por la magnitud y por la candidez de la empresa al hacerlo

---

1. *The Principles of Scientific Management*, Frederick Winslow Taylor, 1919.
2. Ibíd.

público. Me refiero a Mazda Corporation de Japón. En 2013, uno de sus altos ejecutivos, Mitsuo Hitomi, presentó el caso en una conferencia anual de TOCICO[3]. En esta presentación, entre otras cosas, dijo que con teoría de las restricciones habían logrado volver a tener beneficios después de cuatro años con grandes pérdidas. Pero eso no es todo; dijo textualmente que se habían salvado de la bancarrota.

La propuesta de este libro es disruptiva; pretende ser la base de los sistemas gerenciales del futuro. Un futuro con mayor prosperidad para todo el mundo.

MATÍAS BIRRELL

---

3. TOCICO: Theory of Constraints International Certification Organization, www. tocico.org.

Sincronización y sinergia empresarial

Gestión sistémica con la teoría de las restricciones (TOC)

Principios fundamentales

EN ADMINISTRACIÓN DE organizaciones, concretamente de empresas, o lo que se conoce como *management*, existe hoy, en mi opinión, bastante confusión. En este libro mostraré que el *management* es conceptualmente mucho más simple de lo que parece.

Aquí expreso los principios fundamentales, los que se desarrollan más en los próximos capítulos:

- El valor generado por las empresas es directamente proporcional a la sincronización que se logre entre sus elementos y partes relacionadas, tanto interna como externamente.
- Administrar consiste en tomar decisiones que incrementen la sincronización y, por lo tanto, el valor generado.

Si incrementar la sincronización es lo que acrecienta el valor generado por las empresas, es muy relevante saber qué es lo que resta sincronización. Para responder a esta pregunta, basta con observar la realidad. Sabemos que falta sincronización cada vez que observamos un hecho negativo: vamos a una tienda y no encontramos lo que queremos, o necesitamos algo para seguir trabajando y no lo obtenemos, o hay incumplimiento de compromisos de entrega, fallas en la calidad o un costo demasiado alto.

Un principio en el que me apoyaré para desarrollar la tesis de este libro es que un hecho negativo siempre es producto de una contradicción o conflicto.

En efecto, si observamos un hecho considerado negativo, hay dos alternativas: o el responsable es negligente, o ese hecho es muy difícil de eliminar. Descartemos la primera, que es un juicio severo, y por la gran cantidad de efectos negativos que observamos a diario, por lo menos a mí, no me convence que la negligencia esté tan extendida. Por el contrario, creo que la mayoría de las personas intentan, diligentemente, hacer lo mejor posible su trabajo. Queda la segunda alternativa.

¿Por qué sería tan difícil eliminar un hecho negativo? A todos se nos ocurren acciones para eliminarlo. Pero si esas acciones generan otros hechos igual de negativos o peores, estamos atrapados en la contradicción entre realizar o no esas acciones.

> Por lo tanto, las contradicciones son las que restan
> sincronización. Por lo que eliminar contradicciones eleva
> el valor de las empresas.

Las contradicciones siempre pueden eliminarse con mayor conocimiento[4]. Si se pudiera sistematizar el proceso para detectar las contradicciones, y para desarrollar conocimiento que las elimine, la tarea de tomar las decisiones correctas sería mucho más simple.

> Mi afirmación es que la teoría del Dr. Eliyahu Goldratt
> logra precisamente esto: identificar y eliminar
> contradicciones de un modo metódico y sistemático.

Para empezar a dominar este conocimiento se requiere superar un problema cultural, lo que, en palabras de Russell Ackoff, llevará a un cambio de era.

Iniciemos por el principio. En el próximo capítulo se expone cuál es el error fundamental de la cultura empresarial que ha contaminado el *management* durante más de un siglo.

---

4. Esta es una afirmación que no intentaré demostrar. Es una creencia profunda que impulsa toda la tesis del libro, y corresponde a uno de los principios de la teoría Goldratt.

El error fundamental

Introducción

En 1997 leí por primera vez *La meta*, una novela de negocios escrita por el Dr. Eliyahu Goldratt. Mi primera reacción al terminar el libro fue de incredulidad. Ya tenía varios años de experiencia industrial y pensé que esa novela debía ser ficción, porque me había mostrado varios errores profundos que mis jefes y yo habíamos cometido constantemente. No eran errores por incompetencia o falta de diligencia. ¡Eran errores por seguir lo que considerábamos las mejores prácticas! Y mi resistencia duró pocos minutos: todo lo que leí en ese libro era lógico y puro sentido común.

Por lo que rápidamente comprendí que sí eran errores, pero no necesariamente equivocaciones. La distinción que hago aquí es que una equivocación es un juicio acerca de la acción, que se comete queriendo hacer otra cosa, mientras que un error es un juicio al resultado. Y muchas veces el resultado obtenido no puede compararse con el que era posible obtener, y no se juzga tan severamente como afirmo aquí, por lo que no hay un cuestionamiento a las acciones.

Pasó el tiempo y desde el año 2006 estoy trabajando en la compañía fundada por el Dr. Goldratt. En estos años he aprendido por qué se cometen esos errores, que cuestan mucho dinero: ¡Es por tratar de hacer el mejor trabajo posible! Esto parece un contrasentido, y sin embargo, es lo más lógico: las personas siempre intentan hacer lo mejor posible.

Los resultados siempre son producto de las decisiones[5], y las decisiones siempre tienen como base un conjunto de supuestos. Y el conjunto de supuestos compartidos por una organización es lo que podemos llamar la cultura de esa organización.

Mi experiencia es que las decisiones son la gran mayoría de las

---

5. Es obvio que hay bastantes variables que no se pueden controlar. Sin embargo, la afirmación sigue sólida, de otro modo no tendría sentido tomar decisiones o tener gerentes.

veces correctas en el sentido de ser consistentes con el conjunto de supuestos. Si otras decisiones tuvieran un resultado mucho mejor, es obvio que el resultado de las primeras decisiones se puede calificar de error. Pero si las decisiones son coherentes con los supuestos, y sus resultados son errores, entonces no son los gerentes quienes toman malas decisiones; es el conjunto de supuestos el que está equivocado.

Es obvio que este razonamiento puede aplicarse a cualquier conjunto de supuestos, incluyendo los que voy a proponer como correctos en este libro. A esto se refería Karl Popper al definir una teoría científica. Solo puede llamarse ciencia a una teoría que pueda refutarse con ejemplos contrarios. Y es así como se avanza en el conocimiento.

En este libro mostraré los errores más frecuentes y comunes, cómo su origen está en supuestos tan ampliamente aceptados como incorrectos, y cuáles son sus consecuencias y sus soluciones. Es decir, mostraré que la mayoría de las empresas se gestionan hoy sobre una base de supuestos que llevan a resultados mucho peores que los que se obtienen al adoptar los que voy a proponer aquí. Y quedaremos a la espera de otros que superen lo que aquí se propone, pero en el entretanto, mejoremos la calidad de vida de la humanidad con lo que ya sabemos.

A medida que avance se verá claramente que las soluciones provienen de cambiar los supuestos que sirven de base para las decisiones. Como ya mencioné, ese conjunto de supuestos aceptados por la organización es la base de su cultura. Por lo que las soluciones propuestas no son otra cosa que una propuesta de cambio cultural.

Un cambio cultural, también llamado cambio de paradigma, es algo que puede resultar traumático, por lo que es siempre difícil. La primera reacción puede ser de negación. Yo la tuve. Es por eso que me pareció necesario un libro que hable explícitamente de estos errores, para quitar el freno de mano a la productividad y al crecimiento.

Termino esta introducción con una reflexión: el éxito puede ser uno de los obstáculos más difíciles de superar en el camino del aprendizaje y la mejora. La buena noticia es que todavía queda mucho por aprender y mejorar, y no quiero permitir que el éxito me lo impida.

El error fundamental en el siglo XX

Lo que caracteriza a la mayoría de las organizaciones es que son sistemas. Mi definición favorita de sistema es esta: Un sistema es un conjunto de elementos interdependientes con un propósito. El propósito de cualquier sistema es generar algo que le parece valioso a sus miembros (o dueños). A ese algo valioso, lo llamaré valor. El valor lo crea el sistema como un todo.

> El valor creado es producto de las interacciones, como propiedad emergente del sistema, y que no le es posible a ninguna de sus partes generar por sí sola.

Esta afirmación es un supuesto fundamental que usaré para la argumentación que sigue.

Para enunciar el error más fundamental en las organizaciones, y particularmente en las empresas, cometido en los siglos XIX, XX y lo que llevamos del XXI, haré una pregunta muy básica: ¿por qué razón se les paga un salario a las personas?[6].

Primero entendamos que una empresa paga algo a cambio de un valor entregado. Por lo tanto, la primera respuesta es que el salario se paga a cambio de algo de valor.

Como acabamos de establecer, el valor que el sistema crea es producto de las interacciones. Por consiguiente, el salario no se paga a cambio de la acción individual de la persona solamente, sino a cambio de que su acción se pueda sincronizar con las otras partes del sistema para producir el valor. Si esto es así, la frase "le pago para que trabaje" está equivocada. En realidad la empresa paga para que las personas estén disponibles para hacer su parte cuando se requiera, en la cadena de valor que conforma el sistema, y no para estar ocupadas, trabajando.

Recordemos esto para unirlo a otro concepto, el de restricción, que explicaré a continuación.

El Dr. Goldratt usaba una metáfora muy simple para explicar el concepto de restricción. Decía que una empresa es como una cadena, donde cada eslabón tiene que hacer su parte para generar la resistencia de toda la cadena. ¿De qué depende la resistencia de la cadena completa? Del eslabón más débil. ¿Y cuántos eslabones más débiles tiene una cadena? Uno. El resto de los eslabones tienen más resistencia

---

6. Esta es otra manera de formular el acertijo de Elliot Jacques.

que el más débil, por lo que no usan toda su capacidad todo el tiempo.

Este concepto de restricción es conocido por los matemáticos hace tiempo. Y en los años cuarenta y cincuenta, cuando surgió la Investigación de Operaciones para apoyar las actividades de la Segunda Guerra Mundial, a ese conjunto de técnicas para estudiar sistemas complejos se le adicionó la programación matemática. Los sistemas lineales y no lineales, con variable continua y discreta. En esas técnicas matemáticas se buscan óptimos de sistemas considerando las restricciones, aquellas restricciones que determinan el óptimo, es decir, se usó toda la capacidad de esos recursos. Se les llama restricciones activas.

Esto significa que en un momento del tiempo veremos que el sistema tiene una restricción activa y el resto de sus elementos no necesitan estar trabajando a su máxima capacidad todo el tiempo.

Recordando lo que ya dijimos, que una persona recibe su salario para estar disponible cuando se la necesita, y lo que ahora sabemos, que la gran mayoría de las personas no son "restricciones activas", entonces podemos deducir que el salario se le paga a la mayoría de las personas para que estén sin trabajar en muchos instantes del tiempo.

Lo que se percibe a todo nivel en las empresas es lo opuesto: la ética prevaleciente en el trabajo es que las personas deben estar ocupadas. Pero ya sabemos que al sistema le conviene encontrar muchos recursos desocupados cada cierto tiempo.

A todos nos encanta encontrar los recursos desocupados cuando los necesitamos: las cajas del banco, o del supermercado, un estacionamiento. Recuerdo un caso especial en una empresa donde trabajé. Teníamos una secretaria para un equipo de profesionales, cuyo trabajo era producir los documentos con el formato adecuado. Yo tenía la responsabilidad, entre otras cosas, de recopilar los documentos que se producían y se los llevaba a esta secretaria. Ella llegaba por la mañana a la hora y se sentaba a leer una novela. Cuando yo necesitaba la producción de algún documento iba y ella lo hacía lo antes posible para seguir leyendo. Durante meses nunca nos atrasamos con ningún documento, hasta que esta secretaria debió ausentarse un par de semanas. Su remplazo llegaba más temprano y siempre estaba ocupada. Cuando iba a pedir un documento me daba razones de porqué iba a demorar horas o días, que tenía mucho trabajo. ¡Cómo echábamos de menos la novela de la primera!

Es decir, no es cierto que se requiere estar ocupado para ser productivo.

Si estar desocupado se considera algo incorrecto, la contradicción resultante genera conflictos para las personas y para el sistema, termina en decisiones antisistémicas, provocando costosos errores.

> El error fundamental del siglo XX (y lo que llevamos del XXI) es desconocer la naturaleza sistémica de las empresas.

En los siguientes capítulos iré desgranando todas las ramificaciones negativas que tiene este error en cada una de las actividades de las empresas.

El Dr. Goldratt expresó este error de otro modo. En el caso muy particular de la producción, decía que el error era considerar a todo recurso ocioso un desperdicio. Esto es una derivación del supuesto más general ya mencionado, que consiste en desconocer que las organizaciones son sistemas.

La solución fundamental: un cambio de era

Si el error fundamental es desconocer el carácter sistémico de las empresas, es obvio que la solución es reconocer que las empresas son sistemas, por lo que un diseño sistémico para administrarlas debe dar un mejor resultado. No solo mejor, muy superior en cualquier aspecto que se mida.

La idea del cambio de era la tomé del Dr. Russell L. Ackoff (12 de febrero de 1919 – 29 de octubre de 2009), que fue uno de los pioneros en aplicar el enfoque de sistemas a las organizaciones. Graduado de arquitecto en 1941 de la Universidad de Pensilvania, se enlistó en la armada de Estados Unidos y fue destinado al frente de las Filipinas en la Segunda Guerra Mundial. En 1946 volvió a estudiar a la misma universidad y obtuvo su doctorado en Filosofía de las Ciencias en 1947.

Su carrera académica, y después de consultoría, se fue perfilando con la idea de que las organizaciones son sistemas. Ackoff fue uno de los primeros autores en escribir acerca de la Investigación de Operaciones, incorporando modelos matemáticos para resolver problemas complejos en empresas.

En mi caso, al estudiar ingeniería en la Universidad Católica de Chile en los años ochenta, estudié las técnicas de Investigación de Operaciones, con énfasis en los modelos matemáticos conocidos como Programación lineal y no lineal. Ahora entiendo bien de qué se trataban esos modelos, al entender más profundamente el enfoque de sistemas. En esa época no veía la relación entre los modelos y mirar a las empresas como sistemas. Tampoco fue parte de las explicaciones explícitas.

Al terminar la universidad y empezar a trabajar, nunca vi que algún gerente me mencionara siquiera un modelo de programación matemática para tomar decisiones. Y en alguna ocasión yo construí uno para entender mejor cómo optimizar la producción de una fábrica donde yo hacía la gestión de exportaciones. Tuve que abandonarlo porque me consumía tiempo y no llegaba a conclusiones claras. La principal razón para ello es clara ahora: los parámetros de las funciones que estaban involucradas en mi modelo tenían amplios rangos de variación. Algo me decía que iba bien encaminado, pero las primeras conversaciones con el gerente de producción me convencieron de que no iría muy lejos con ese enfoque. Era demasiado complejo para resolver un problema que en la empresa parecía resuelto. Yo tenía problemas en mi área, pero no tenía el apoyo para buscarle soluciones matemáticas.

Años después, cuando fui entendiendo mejor la teoría Goldratt, entendí también que mi ingenuo intento por modelar la producción tenía una base sistémica, y eso chocaba frontalmente con la cultura prevaleciente en esa compañía. A esa cultura antisistémica Goldratt la llamaba "el mundo del costo". Veremos en capítulos siguientes el contraste entre ambas culturas y cómo el mundo del costo prevalece en la educación gerencial y así se perpetúa en las empresas, y es precisamente otra manera de llamar al error fundamental ya descrito[7].

Volviendo al Dr. Ackoff, él también sufrió decepciones al comprobar que sus desarrollos en modelos matemáticos eran entendidos como una técnica, pero no como un cambio fundamental de visión.

El Dr. Ackoff fue pionero en el desarrollo de la investigación de operaciones, como ya mencioné, donde los modelos matemáticos toman al sistema como un todo, lo que lo llevó a ser uno de los mejores exponentes en aplicar el pensamiento sistémico a organizaciones. Escribió 35 libros y más de 250 artículos, donde se encuentran muchos

---

7. El anexo contiene un ejercicio simplificado para destacar la diferencia entre las decisiones del "mundo del costo" y las decisiones del "mundo del throughput" o tasa de transferencia efectiva.

textos explicando cómo las organizaciones son sistemas y deben ser tratados como tales.

La amistad entre Ackoff y Peter Drucker se forjó muy temprano en la vida de ambos, y Drucker le reconoció a Ackoff las contribuciones fundamentales sobre su trabajo. Ackoff atesoraba una carta de Drucker, enviada un par de años antes de la muerte de este, donde le decía:

> Yo era, como recordarás, uno de los primeros que aplicó Investigación de Operaciones y los nuevos métodos de Análisis Cuantitativo a problemas de negocio específicos, en vez de, como se habían desarrollado originalmente, para problemas militares o científicos. Yo había liderado equipos aplicando la nueva metodología a dos de las más grandes compañías del mundo, GE y AT&T. Habíamos resuelto exitosamente varios problemas de producción y técnicos para esas compañías, y mis clientes estaban altamente satisfechos. Pero yo no, habíamos resuelto problemas técnicos pero nuestro trabajo no tuvo impacto en las organizaciones y en sus mentalidades. Al contrario: habíamos hecho todo menos convencer a las gerencias de estas dos grandes compañías que la manipulación cuantitativa no era sustituto a pensar. Y entonces tu trabajo y ejemplo nos mostró –o al menos, a mí me mostró– que el análisis cuantitativo viene después de pensar, valida el pensamiento; muestra la chapucería intelectual y la confianza acrítica en supuestos precedentes o no testeados y en lo supuestamente "obvio". Pero no sustituye a un pensar exigente, riguroso e intelectualmente desafiante. Lo demanda, eso sí, pero no lo sustituye. Esto es, por supuesto, lo que tú quieres decir por sistema. Y por eso tu trabajo en esos días lejanos me salvó –y salvó a incontables otros– de o bien descender a la mentalidad de "construcción de modelos" –la enfermedad que destruyó a tantas de las Escuelas de Negocios en las últimas décadas– o bien de la chapucería que desfila como 'entendimiento perspicaz'.[8]

---

8. Carta de Peter Drucker a Russell Ackoff cerca de 2003. Aparece en el libro *Managing for the Next Society,* de Peter Drucker (2002), en el prólogo escrito por Alistair Mant y Cary L. Cooper para la edición de 2007.

Ackoff fue uno de los grandes impulsores del pensamiento sistémico, que llegó a afirmar que estamos viviendo un cambio de era, porque los supuestos que compartimos respecto de nuestra visión de la realidad, compartidos culturalmente por mucho tiempo, están cambiando. En particular, la visión de lo que es una organización, cómo funciona y qué produce, va cambiando gradualmente de un mecanicismo a una visión sistémica[9].

Como todo cambio de era, enfrenta resistencia del *establishment* y además cuesta trabajo que las personas se cuestionen sus creencias más profundas, sobre todo cuando le han dado sustento a tantas decisiones del pasado. No olvidemos que la autoestima proviene en gran parte de la satisfacción por las buenas decisiones que tomamos. Y este cambio de cultura podría hacer parecer que muchos gerentes desperdiciaron años propios y de sus empresas. Para restar dramatismo a esta reflexión, citaré a mi mentor y amigo, Eli Goldratt: "No pediré disculpas por no haber inventado algo antes". Igualmente, no hay razón para frustrarse al comprobar que muchas de las creencias aprendidas en la universidad, compartidas con gerentes dentro y fuera de la propia empresa, y consideradas la base para "mejores prácticas", estaban equivocadas. El aprendizaje muchas veces es destructor de creencias.

El progreso siempre ha sido una historia de sustituir un conocimiento por otro. Schumpeter lo llamaba la destrucción creativa. Como veremos más adelante, uno de los principios de Goldratt es que el conocimiento es ilimitado, y yo concluyo que lo que sabemos es nada comparado con lo que no sabemos.

Tal vez sí sea motivo de frustración si uno se resiste a un cambio solo por inercia o presión social, o peores razones. Si pudiendo entender el cambio y sus consecuencias positivas, uno decide refugiarse en la comodidad, obstruyendo el progreso de muchos por omisión. Esa actitud a mí me traería un gran malestar mirando hacia atrás. Es un malestar profundo que proviene de rehuir la propia responsabilidad al actuar contra la ética que me muestra claramente el bien que debo perseguir, aunque me signifique esfuerzo y renuncia. Esfuerzo

---

9. *From mechanistic to social systemic thinking*, Russell L. Ackoff, 1984, Enero 18, (11/93 Systems Thinking in Action Conference).

para impulsar las acciones necesarias. Renuncia a creencias que me acompañaron hasta ese momento, y que fueron la base de decisiones del pasado, lo que lleva también a renuncia de esa imagen de infalible que tanto nos gusta ostentar a veces.

En su libro *Futuro Presente*[10], Alfredo Barriga nos muestra cómo viene una revolución digital a cambiar nuestras vidas. Es fascinante ver cómo van cambiando paradigmas con nuevas tecnologías. Y al leer ese libro entiendo mejor cómo el cambio cultural del que hablo aquí puede potenciar aún más los beneficios de los que habla Alfredo.

Cuando la mayoría de los gerentes adopten el pensamiento sistémico y acepten los principios de Goldratt para pensar con claridad[11], creo que veremos un cambio de era potenciado con todas las demás tecnologías que van cambiando nuestro mundo. Pero un cambio de era caracterizado no tanto por el mayor bienestar material, que sí vendrá, sino por la mayor armonía en el tejido social. Profundizaré más acerca de esto en capítulos siguientes.

La aportación del Dr. Eliyahu Goldratt

Ya hablé de los modelos matemáticos de la investigación de operaciones, que son complejos, y también tienen las limitaciones propias de un modelo, que simplifica aspectos de la realidad. Y siendo la realidad de las empresas tan compleja, es poco práctico pretender tomar decisiones usando esos modelos, a pesar de que yo los aprendí en mi grado de ingeniero, y los siguen enseñando.

El concepto fundamental de estos modelos de programación matemática es que un sistema tiene un propósito cuantificable, que se representa por una función objetivo, que es una fórmula que nos dice cuánto valor está generando el sistema en la medida que entrega unidades de lo que produzca. Por ejemplo, si producimos dos productos que podemos llamar P y Q, donde cada unidad de P genera un margen bruto de \$45, y cada unidad de Q genera \$60, entonces nuestra función a maximizar sería $45*P + 60*Q$.

Y esa fórmula o función tendría un resultado infinito si no fuera porque tenemos limitaciones de tiempo y tal vez de otros recursos, sin

---

10. *Futuro Presente. Cómo la nueva revolución digital afectará mi vida.* Alfredo Barriga, 2016. Véase: https://www.knowledge.cl/futuro_presente.html.
11. Véase The Choice, E.M. Goldratt, 2008.

olvidar que el mercado no es infinito y también pone limitaciones. A esas limitaciones las llamamos restricciones y también pueden representarse como funciones. Por ejemplo, si decimos que cada unidad de P consume 15 minutos de un recurso A, y que cada unidad de Q consume 10 minutos del mismo recurso A, y sabemos que el recurso A está disponible 40 horas semanales (esto es 2400 minutos), entonces podemos representar la restricción A como $15*P+10*Q \leq 2400$ para una semana. Lo mismo podemos hacer con todos los recursos involucrados.

Entonces nuestro modelo dirá algo como: queremos maximizar nuestra función objetivo sujeto a un conjunto de restricciones que están representadas por funciones como las descritas.

Incluso este ejemplo con dos productos y digamos solo cuatro recursos no es fácil de resolver en forma matemática. Y al resolverlo, descubrimos que algunos recursos se usaron completamente y los llamamos restricciones activas, y los otros quedan desocupados en la semana por varios minutos, y son restricciones no activas.

La capacidad del sistema para generar valor está limitada por las restricciones activas. Sin embargo, como ya dije más arriba, el valor se genera por las interacciones de todas las partes, por lo que todos los recursos son esenciales, sean restricciones activas o no.

La genialidad de Goldratt, que era físico (y los físicos son buenos matemáticos pero no se dejan atrapar por la teoría matemática sino que buscan la aplicación práctica), dijo algo muy simple. En cada sistema, para efectos prácticos, las restricciones activas son muy pocas y no cambian frecuentemente a lo largo del tiempo.

En esta explicación más detallada de lo ya expresado anteriormente en este capítulo, hay un detalle que ahora es relevante para entender por qué la aportación de Goldratt es tan valiosa.

Si uno toma el ejemplo anterior e identifica por anticipado cuál es el recurso que será la restricción activa, el problema matemático es mucho más fácil de resolver. Pero no es esto lo que hacen los expertos en investigación de operaciones.

En 2004 participé como expositor y como asistente en varias conferencias de la International Conference for Production Research,[12]

---

12. ICPR AMERICAS´2004, agosto 1-4, Santiago, Chile.

donde me encontré con un antiguo conocido: mi profesor de programación matemática. Él estaba exponiendo un modelo que incluía dos modelos genéricos que interactuaban entre sí. Nos contó que había probado el modelo en una empresa varias centenas de veces y que las decisiones resultantes habían incrementado las ganancias. No esperaba menos, después de todo, ya dije que esos modelos son sistémicos. Al llegar a las preguntas, yo levanté la mano para preguntar si habían hecho un estudio estadístico de qué restricciones se habían activado cada vez. Lo pillé por sorpresa con la pregunta, y no lo habían hecho. Pero ahí me preguntó él a mí por qué querría hacer eso. Mi respuesta fue que si las restricciones activas eran siempre unas pocas y las mismas, el modelo se simplifica enormemente, con lo cual estuvo de acuerdo, pero expresó sus serias dudas de que eso fuera posible.

Estoy seguro de que en las universidades siguen pensando así, en modelos muy complejos, difíciles de vender a un grupo de gerentes y que finalmente, como dijo Drucker, distraen de lo verdaderamente importante: usar la mente para pensar con claridad. Por este tipo de cosas Goldratt hablaba de la "estúpida admiración por lo sofisticado", lo que no era muy popular ni antes ni ahora. No es de extrañar entonces que la brecha entre la práctica prevaleciente antisistémica y los modelos sistémicos demasiado sofisticados siga abierta. El cambio necesario es cultural.

Esta idea de Goldratt quedó plasmada en un proceso que escribió él una noche con amigos en una servilleta. No fui testigo de ese momento genial, pero me lo contó el mismo Eli, por lo que espero ser fiel a la historia.

Estaba recién salido de Creative Output, la empresa que él había fundado poco tiempo antes, con un gran pesar porque no le habían entendido y hubo desavenencias irreconciliables con los otros socios. Esta historia me recuerda lo que Drucker le decía a Ackoff en la carta que ya cité. Con el *software* que habían creado en Creative Output, los resultados de las compañías habían mejorado mucho. Pero era en productividad, y el salto era tan grande que la presión sobre mercadotecnia y ventas era inmensa, al punto de que oponían resistencia. Las compañías se encontraban entonces con mucha capacidad ociosa, y convertían la mejora en dinero reduciendo personal.[13] Goldratt trataba de explicarles que eso iba en contra del sistema, que debían seguir mejorando sin que nadie sufriera por ello. Llegó a proponerles a sus socios que la empresa dejara de vender el *software* e hiciera otra cosa, lo que provocó que le pidieran su renuncia.

En sus palabras, no sacrificaría a nadie por su meta en la vida, pero tampoco aceptaría que otros lo obligaran a sacrificar su meta. Y aceptó retirarse de la empresa (supongo que con algún arreglo económico que nunca le pregunté… no era el tema importante).

Y estaba en la formación de lo que sería el Instituto Goldratt cuando en una de esas noches tomó una servilleta y escribió lo que llamó el Proceso de Mejora Continua. Son estos cinco pasos:[14]

- Identificar la restricción del sistema
- Decidir cómo explotar la restricción del sistema
- Subordinar todo lo demás a la decisión anterior
- Elevar la restricción del sistema
- Volver al paso 1[15]

Estos cinco pasos equivalen a aplicar los modelos matemáticos de optimización de un modo muy práctico y simple. Y constituyen la primera herramienta documentada de teoría de las restricciones o, por sus siglas en inglés, TOC[16].

Pero esto no es todo. Goldratt no se esforzó por resolver un problema técnico nada más. Lo que hizo fue enfrentar cada inconsistencia en la administración de empresas y fue diseñando soluciones que las eliminaran. Y para explicar esto y desarrollar más conocimiento, inventó algunos artefactos mentales que él llamó procesos de pensamiento. Estas son tres herramientas lógicas con variados usos[17]. Y en la medi-

---

13. En esa época se usaban eufemismos para esta acción antisistémica: racionalizar, eficientar, ajustar, etc.

14. Aquí se reproducen como creo que los escribió originalmente. Después se refinó la redacción.

15. Después, en el libro *La meta*, le agregó una advertencia a este paso.

16. Años después supe por el mismo Goldratt que en la Universidad de Bar Ilán (Israel) había ideado unos árboles que se usarían desde el 2004 nuevamente, pero este proceso de mejora fue el primero que formalmente es de TOC – *Theory of Constraints*, la teoría creada por Goldratt.

17. La Nube, la Rama Lógica, el Árbol de Prerrequisitos.

da que se requerían, inventó otros procesos también: para extraer el máximo valor a nuevas tecnologías e innovaciones, o cómo diseñar una comunicación persuasiva eficaz, y unos pocos más.

Hoy la teoría de las restricciones es un cuerpo de conocimientos sólido, que se basa en los cuatro principios que Goldratt estableció para pensar con claridad:

- Todo sistema, por complejo que sea, contiene una simplicidad inherente
- Todo conflicto (o contradicción) puede ser eliminado
- No culpar a la gente[18]
- Nunca decir "ya sé"

Y a partir de los principios y aplicando las herramientas, se han desarrollado muchas aplicaciones sistémicas. En los siguientes capítulos iré mostrando los problemas generados por el enfoque antisistémico y cómo estas aplicaciones son la solución en cada caso.

> En mi opinión, la contribución de Goldratt es inmensa
> por haber creado este cuerpo de conocimientos simple
> que permite la aplicación del pensamiento sistémico
> de un modo muy práctico, incluso en los sistemas más
> complejos.

No quiero omitir algo que me parece muy relevante. El consenso acerca de adoptar un enfoque sistémico es muy amplio. Incluso es difícil encontrar gerentes que nieguen que sus empresas son sistemas o académicos que sean declaradamente antisistémicos. Ese hecho me lleva a preguntar, ¿por qué la adopción no es masiva?

Mi respuesta es que entender algo y poder aplicarlo distan mucho de ser lo mismo. En especial en las universidades, en ingeniería y en administración de empresas, o incluso economía, no se expone explícitamente que las empresas son sistemas, es decir, entidades que son distintas de sus partes constituyentes, y cuyo propósito es logrado por la interacción entre las partes y no como suma de las acciones de cada

---

18. Goldratt lo formuló como "La gente es buena", pero yo prefiero esta que evita un juicio de valor y es más bien un principio de acción.

parte. Y desde ahí, con cursos separados de producción, logística, proyectos, mercadotecnia, estrategia, etc., queda la impresión de que uno está aprendiendo a administrar una empresa. Citando a Russell Ackoff, eso es una tontería: como mucho se aprende producción, logística, o mercadotecnia, pero no a administrar el todo, que es la empresa.

Y ya concretamente, hay varios grupos y entidades que han promovido y promueven el enfoque sistémico. Un ejemplo es el SDM – MIT[19], el programa de maestría en ingeniería y administración del Instituto Tecnológico de Massachusetts. Se llama Diseño de Sistemas y *Management*. Tienen una conferencia anual donde se reúnen a exponer trabajos de investigación y aplicación. Hay bastante material disponible entre documentos y videos para hacerse una idea de lo que van desarrollando.

Otro es Peter Checkland desde la Universidad de Lancaster de Reino Unido. El profesor Checkland es considerado el creador de SSM[20], administración de sistemas suaves, para diferenciarlos de sistemas "duros" como un automóvil.

Peter Senge ha sido promotor del pensamiento sistémico al escribir en su libro *La quinta disciplina* que el pensamiento sistémico es la quinta disciplina que articula las otras cuatro que menciona como necesarias para gestionar empresas. En sus conferencias siempre articula sus discursos en torno a la idea de interdependencia y de sistema.

John Seddon, creador del Vanguard Method, aplica el pensamiento sistémico a empresas de servicios. Sin conocer en detalle las herramientas y métodos de Vanguard, creo que es de los más prácticos y simples de los que he conocido. Por supuesto toda la obra de Russell Ackoff, uno de los mayores exponentes del pensamiento sistémico.

En internet se pueden encontrar muchos grupos dedicados a promover el pensamiento sistémico. El consenso es amplio: se requiere un enfoque sistémico para administrar nuestras organizaciones, en particular las empresas.

Sin embargo, sabiendo lo que sé, veo muy difícil que gerentes puedan aplicar esas ideas con las herramientas presentadas por esos grupos. Incluso creo que intentan aplicar el enfoque sistémico con

---

19. Systems Design & *Management*, the Massachusetts Institute of Technology's master's program in engineering and *management*. https://sdm.mit.edu/
20. SSM: *Soft Systems Management.*

principios equivocados. Por ejemplo, tengo un documento que declara que no existe tal cosa como una solución simple para un problema complejo. Si uno cree realmente en la afirmación anterior, no se esforzará en pensar hasta encontrar la simplicidad que existe en todo sistema complejo.

Como un contraejemplo refuta una afirmación, veremos cómo todas las soluciones diseñadas por Goldratt son soluciones simples a problemas muy complejos. Esto nos lleva a que en el mundo de los pensadores sistémicos, estando de acuerdo en la definición y la necesidad de aplicarlo a empresas, no hay acuerdo en cómo hacerlo.

Lo repito una vez más: la contribución de Goldratt es inmensa porque ha creado un cuerpo de conocimientos que permite la aplicación simple y práctica del enfoque sistémico. Es más, estableció los principios para cualquier aplicación del enfoque sistémico.

Creo que una buena analogía para entender lo que quiero decir es que la teoría Goldratt es al enfoque sistémico como el cálculo diferencial es a la física: no solo se puede entender mejor, sino que sus aplicaciones crean real valor para cada caso específico.

LEAN: enemigo N° 2 de la productividad

Toyota Production System

En la década de 1930, Kiichiro Toyoda se hizo cargo de la empresa fundada por su padre Sakichi. Era una fábrica de telares llamada Talleres de telares automáticos de Toyoda, en la ciudad japonesa de Nagoya. Eiji Toyoda, primo de Kiichiro, terminó sus estudios de ingeniería mecánica en 1936 y se unió a la empresa. En 1938, Kiichiro le pidió a su primo Eiji que supervisara la construcción de una nueva planta en el cercano pueblo de Koromo, para incursionar en la fabricación automotriz, que después se conocería como Toyota City. Hasta el día de hoy esa planta es conocida como la madre nodriza de Toyota Corporation.

Kiichiro renunció a la presidencia de la empresa en 1950 debido a las bajas ventas. Justo en ese tiempo, Eiji visitó una de las plantas de Ford en Michigan, donde quedó muy impresionado con la producción en masa. Toyota llevaba producidos poco más de 2500 automóviles en 13 años, mientras que en esa planta de Ford se producía 8000 vehículos al día. En 1957 Eiji fue nombrado presidente de la empresa, que ya se llamaba Toyota.

Eiji Toyoda volvió con planes de lograr en Toyota producciones como las que vio en Ford. Para eso buscó la colaboración de uno de los antiguos maquinistas de telares, Taiichi Ohno.

Taiichi Ohno es considerado el padre del Sistema de Producción de Toyota. Ohno se refería a su sistema como un Sistema Fluvial, de ríos, queriendo significar que lo que hicieron fue facilitar el flujo de los productos desde la materia prima hasta los clientes.

No sé si ya el lector habrá observado la naturaleza sistémica del concepto de Ohno. Según este concepto, lo que cada parte haga es importante solo en el conjunto del río completo y no por separado.

Robert Fox, estrecho colaborador de Goldratt en los años noventa, escribió su experiencia del encuentro que los tres, Ohno, Goldratt y él, tuvieron en una habitación de hotel en Chicago, donde intercambiaron ideas[21].

En ese encuentro, Ohno dijo las siguientes cosas[22]:

> Necesitábamos hacer tales mejoras en muchos tipos de máquinas. El mayor obstáculo no fue encontrar la manera de hacer los cambios rápidamente. Fue convencer a nuestros gerentes y operarios que debían trabajar de esta manera. Una vez que alguien terminaba un alistamiento (setup) de una máquina, querían producir tantas piezas como fuera posible, es la manera eficiente de hacerlo. Yo tenía muchas dificultades para persuadir a la gente de que podía ser eficiente para esa máquina, pero no para mi Sistema Fluvial.[23]

He escuchado a muchas personas decir que los japoneses son especiales y que por eso no les cuesta entender estos conceptos de pensamiento sistémico. Ohno no opinaba lo mismo. "Hacer que mi sistema fluvial fluyera suave y rápidamente llevó cerca de cuarenta años de mejoramiento continuo, incremental"[24].

Al preguntarle cómo lo logró, con una sonrisa ladina respondió: "¡Usé un arma! Literalmente le dispararía a la gente que no siguiera mi dirección. Fue brutal, pero funcionó a la larga"[25].

Tenemos un chiste en TOC. ¿Cuántos consultores de TOC se requieren para cambiar una bombilla? Solo uno, ¡pero la bombilla debe querer ser cambiada! Ohno probó otra forma de persuadir.

Otro mito: debemos lograr el consenso para tener resultados. En la práctica yo sí creo en esto, porque la mayor riqueza de la empresa vendrá de la colaboración y compromiso de su gente. Pero en el inicio de un cambio, no veo problema en forzar las acciones por una o dos semanas, hasta que se ven resultados. Ahí viene el momento de las explicaciones y del consenso.

Si creemos totalmente necesario el consenso antes de tomar las

---

21. *Profitability with No Boundaries*, Reza Pirasteh y Robert Fox, 2015.
22. Citas textuales del libro mencionado.
23. Ibíd.
24. Ibíd.
25. Ibíd.

primeras acciones, tendremos muchos problemas y "confirmaremos" que la gente tiene resistencia al cambio y que un proceso de "cambio de paradigmas" es muy difícil.

Por supuesto que una historia de cuarenta años puede llevar a esa conclusión, pero, en mi experiencia, los cambios que tienen impacto inmediato pueden realizarse con un mínimo de consenso y avanzar rápido hacia el siguiente, con el momentum que se crea al obtener los primeros resultados visibles. ¿Y por qué Ohno demoró tanto?

Mi primera hipótesis es que, a pesar de que se inspiraron en algo que ya había funcionado, la línea de montaje de Ford, las circunstancias no eran las mismas, por lo que las mismas técnicas de Ford no funcionaban igual para Toyota. Véase el artículo del Dr. Goldratt acerca de la evolución desde Ford, pasando por el TPS, hasta TOC[26].

Ohno tuvo que ir inventando y superando obstáculos. A propósito de obstáculos, Goldratt se hizo popular por su famosa frase "la contabilidad de costos es el enemigo número 1 de la productividad". La razón para decir eso es que la naturaleza sistémica de una empresa implica que el valor se genera por las interacciones entre las partes. Y la contabilidad de costos tiene en cuenta cada parte por separado, como si no perteneciera al sistema, lo que produce una disociación de los costos así calculados del objetivo primario del sistema, que es generar valor.

Goldratt y Fox le preguntaron a Ohno: "¿Cómo piensan los contables de costos en Japón? ¿Creen fuertemente en las eficiencias locales, en hacer grandes lotes para ahorrar alistamientos de equipo y cosas por el estilo?"

Cuando la pregunta fue traducida, Ohno se agitó mucho y le empezó a aflorar un color rojo en el cuello al punto que Goldratt y Fox se incomodaron por haber ofendido a su ilustre interlocutor. Pero al traducir la respuesta de Ohno, se dieron cuenta de que, por el contrario, era simpatía mutua la que podían sentir. Ohno les dijo:

> Han tocado mi nervio más sensible. Los contables de costos
> en Japón piensan igual que en Occidente. Creen en todas

---

26. *"Standing on the Shoulders of Giants"*, Goldratt, 2008. Una búsqueda en internet muestra primero el cuarto álbum de estudio de Oasis, luego la atribución de la frase a Newton, por las mismas razones que Goldratt tituló así su artículo. Si se le agrega "Goldratt" a la búsqueda, se consigue el texto completo del artículo.

esas cosas que mencionaron y muchas otras más que están en contra de mi sistema fluvial. Estas creencias fueron los mayores obstáculos que tuve que superar[27].

Y a la pregunta de cómo hizo para superar este inmenso obstáculo, Ohno respondió:

Primero mantuve a los contables de costos fuera de nuestras plantas, pero vi que eso no era la solución. Necesitaba mantener estas ideas fuera de las mentes de mi gente. No eran los contadores de costos el problema, sino todas estas ideas acerca de la eficiencia de una operación. Eran contrarias a mi deseo de crear un sistema eficiente. Gasté mucho tiempo tratando de persuadir gente a pensar diferente, pero sin mucho éxito[28].

El libro que tiene en sus manos tiene como principal objetivo persuadir a todos los tomadores de decisiones a adoptar el pensamiento sistémico como el marco de análisis para todo lo que sea sistema: empresas, organizaciones en general, países. Espero que algunos abran su mente y examinen la lógica del razonamiento, a pesar de sus antiguas creencias.

Y nuevamente vemos que la afirmación de Ohno podría confirmar que los cambios profundos son muy complicados. Sin embargo, y apoyándome en el tercer principio de TOC, yo creo que las personas nunca resisten la mejora, y la mayor parte de la dificultad en la persuasión se debe atribuir a la persona que persuade.

Volviendo a nuestra pequeña historia, Goldratt y Fox le mostraron a Ohno el mecanismo para facilitar el flujo diseñado por Goldratt, que fue descrito en detalle en su novela más conocida[29]. Después de algunas preguntas y respuestas, Ohno estudió los diagramas que le habían dibujado junto con las explicaciones, en silencio, y después les expresó:

> Si yo hubiera visto esta posibilidad, habría desarrollado mi sistema en menos de la mitad del tiempo.[30]

---

27. *Profitability with no boundaries,* Reza Pirasteh y Robert Fox, 2015.
28. Ibíd.
29. *La meta,* Goldratt, 1984.
30. *Profitability with no boundaries,* Reza Pirasteh y Robert Fox, 2015.

Con esta declaración proveniente del mismo Ohno, creador del TPS, considerado hoy uno de los más grandes logros en manufactura, puedo afirmar que vale la pena entender cómo TOC es un cuerpo de conocimientos más simple para la aplicación del pensamiento sistémico. Y no solo eso, para la aplicación del pensamiento sistémico en todos los aspectos de una empresa, no solo en sus operaciones.

Manufactura LEAN:
una confusión provocada

Supongo que he demostrado mi admiración por Taiichi Ohno y por el TPS (sistema de producción de Toyota).

Recordará que párrafos más arriba dije que Ohno y Toyoda estaban tratando de emular a Ford, y que encontraron muchas dificultades para utilizar las mismas técnicas que Ford utilizó.

Por ejemplo, Ford logró un sistema muy eficiente para producir el Ford T de color negro porque no producía otra cosa. Y parte de su sistema era pintar zonas en el suelo de su planta para limitar la sobreproducción de partes que no se necesitaran inmediatamente. Si la zona estaba llena, no podían seguir ensamblando esa parte y ese recurso debía parar.

Después de 1950, Toyota necesitaba fabricar varios modelos diferentes, por lo que la idea de pintar el suelo no era buena. Pero necesitaba limitar la sobreproducción, igual que Ford, y usó el inventario. De ahí surgió la idea de las tarjetas, o *kanban*.

El TPS demoró en desarrollarse, y se ve distinto a la línea de montaje de Ford, pero ambos comparten la misma filosofía de hacer fluir el material.

Ohno estudió su sistema y fue haciendo los cambios que los obstáculos al flujo; no copió técnicas o métodos.

Cuando hubo interés por conocer más acerca del éxito de Toyota, hubo grupos de visitantes de distintas partes, de Estados Unidos y Europa. Así describe Ohno esas visitas:

> Estoy orgulloso de ser japonés y quiero que mi país sea exitoso. Yo creía que mi sistema era una manera que podría ayudarnos a convertirnos en una nación industrial. Es por eso que no tuve ningún problema en compartirlo con otras empresas japonesas, incluso mis más grandes competidores. Pero estaba muy, muy preocupado de que los americanos y los europeos entendieran

lo que estábamos haciendo, lo copiaran, y nos derrotaran en el mercado.[31]

Después de decir eso, continuó relatando que cuando venían americanos y europeos a Toyota, él hacía lo posible por confundirlos acerca de porqué Toyota era tan exitosa. Esto es lo que dijo:

> Yo les explicaba hablando acerca de técnicas, como cambios de alistamiento más rápidos, reducción de los siete desperdicios *(muda)*, y otras técnicas con nombres japoneses como *kanban* y *kaizen*. Hice lo mejor que pude para impedir que mis visitantes captaran nuestro enfoque global. Hoy estoy preparado para ser abierto y explicar completamente lo que hicimos. Estamos fuertes ahora para enfrentar cualquier competencia.[32]

¿Y qué fue lo que entendieron los que fueron para allá? Yo recuerdo de mis años en ingeniería, en la Universidad Católica de Chile, que nos explicaban el sistema JIT, justo a tiempo, de los japoneses. Nunca escuché una palabra acerca de un sistema o un río. Años después vi cómo le cambiaban el nombre a Manufactura Lean. Haga una búsqueda en internet de estas palabras.

Yo acabo de hacer esa búsqueda y encontré muchos sitios que describen a "manufactura esbelta" como el conjunto de herramientas para reducir los siete desperdicios en manufactura.

Es decir, Ohno tuvo tanto éxito que incluso hoy se encuentra toda esta confusión. ¿Cree que exagero con lo de confusión?

Esta es una cita de un artículo publicado por el Instituto Lean explicando el TPS: "(LEAN es) Un sistema de producción impregnado de la filosofía de "la completa eliminación de todos los desperdicios", impregnando todos los aspectos de la producción en la búsqueda de los métodos más eficientes".[33]

No veo ahí la filosofía del sistema fluvial de Ohno, más bien veo la reducción de desperdicios.

Para terminar de ilustrar el punto, contaré una historia muy reciente.

---

31. Ibíd.
32. Ibíd.
33. www.institutolean.org

En abril de 2017, yo estaba en una visita de implementación en una planta en Lima. Al mirar al sistema como un río, ya tenía la percepción de que necesitaba hacer algo justo después del corte de material. Y coincidió que el equipo interno de procesos, liderado por un experto en LEAN, también tenía la idea de mejorar esa parte del proceso.

El caso es que se están cortando entre seis y diez componentes por cada pieza que deben ensamblarse más adelante, pero una minoría de estos componentes requiere de un procesamiento que puede demorar entre seis y setenta y dos horas adicionales. Esto provoca que la mayoría de los componentes ocupe espacio, que es escaso, mientras espera a los otros componentes, impidiendo el corte de componentes en días posteriores.

Según yo lo veo, esos componentes que esperan están bloqueando el flujo, además de que se dañan y se pierden.

Pero el experto en LEAN está preocupado por reducir el tiempo de procesamiento en esa parte del proceso. Quiere reducir desperdicios.

Si ejecutan el proyecto LEAN va a provocar más problemas al flujo, y va a ser un obstáculo a la implementación de TOC que yo estoy liderando. Ya estoy en el proceso de comunicación para que no cometamos errores de aplicar técnicas sin mirar el sistema como un todo[34].

Tengo muchas historias similares a esta en más de una década de implementar TOC, en industrias tan diversas como fabricación de cables de acero, etiquetas autoadhesivas o servicios financieros para micronegocios, entre otras.

Lamentablemente también he conocido historias donde se intenta implementar una técnica de TOC sin estudiar el sistema. Es decir, el problema no son los métodos. El problema es la mentalidad con que se aplican. Ohno podría haber fracasado si hubiera copiado a Ford, como muchos han fracasado tratando de copiar al TPS o a implementaciones exitosas de TOC.

Ya lo dije en el primer capítulo. El error fundamental que prevalece en la mayoría de las economías hoy es no considerar la naturaleza sistémica de las empresas.

---

34. Como era previsible, estábamos de acuerdo en el objetivo global, y no costó mucho llegar al acuerdo sobre qué acciones eran las mejores.

Y habiendo sido el TPS tan exitoso, uno cree que no tiene mucho que aportar a ese sistema, y se saca la conclusión errónea de que estaremos mejor si lo aplicamos tal cual.

Para que me entienda bien, debo aclarar que sí he visto expertos de LEAN que han entendido lo que Ohno hizo, y ellos proponen estudiar el sistema y planificar el mejoramiento con el sistema fluvial en mente. Y aquí es donde entran herramientas de análisis como la Kata de Mejoramiento:

- Entender la dirección
- Captar la condición actual
- Establecer la siguiente condición objetivo
- PDCA[35] hacia la siguiente condición objetivo

Y solo cuando sabemos qué queremos mejorar, veremos qué desperdicio está bloqueando el flujo.

Respecto de los siete desperdicios, y teniendo en cuenta que queremos mejorar el flujo en el sistema, tengo estos comentarios:

- Sobreproducción: estoy totalmente de acuerdo, es el principal obstáculo al flujo cuando se permite un exceso de trabajo en proceso (WIP).
- Inventario: es otra forma de expresar el primero.
- Esperas: aquí tengo un problema. Si este es un desperdicio que deberíamos reducir, trataremos de equilibrar las capacidades de cada centro de trabajo. El equilibrado de líneas destruye el flujo por la dependencia entre los recursos y las fluctuaciones estadísticas. Encontrará más detalles acerca de esto en el capítulo de operaciones. La clave es sincronizar. Para que el siguiente recurso haga fluir rápidamente el material, es el recurso el que debe esperar, no el material. Este no es desperdicio en la mayoría de los casos.
- Movimiento: esto puede o no bloquear el flujo. En la historia que conté de la planta en Lima, este es uno de los desperdicios que buscan eliminar. No siempre

LEAN: enemigo N° 2 de la productividad

---

35. PDCA: *plan-do-check-act*. Ideado por Shrewart y perfeccionado por Deming.

es mejora eliminar algunos movimientos. A veces el flujo mejora agregando algunos movimientos adicionales.

- Transporte: lo mismo que el anterior. Depende de las circunstancias.
- Reprocesos: estoy de acuerdo, este es un gran desperdicio. Irónicamente la reducción de esperas o movimientos genera más reproceso la mayoría de las veces.
- Sobreprocesamiento: de acuerdo, no debe procesarse nada más de lo que se requiere. Pero aun así he visto ocasiones donde eliminar este desperdicio puede bloquear el flujo. Por ejemplo, si tengo dos lotes que caben en un horno, uno de los lotes requiere 10 horas y el otro requiere 6 horas, y el segundo queda igual de bien con 10 horas, yo los haría juntos. Si quiero eliminar el sobreproceso del segundo le estoy agregando horas de espera a uno de los lotes, sin ganar nada.

Un experto en LEAN típicamente va a estudiar el sistema y encontrará muchas fuentes de desperdicio. A continuación abrirá proyectos de mejora por cada una de esas oportunidades y se pondrá a mejorar el sistema. Si somos afortunados, no bloqueará el flujo con algunos de esos proyectos, pero sí distraerá recursos. En el peor de los casos, algunos de esos proyectos bloquearán el flujo de maneras tan sutiles que es difícil de detectar.

Veremos en el capítulo de operaciones que es necesario tener holguras en el sistema para que haya flujo. Equilibrar las capacidades conduce a reducir la capacidad conjunta del sistema. Es decir, más capacidad en la mayoría de los recursos, acumulación controlada de inventario en proceso y tiempos de espera de recursos son necesarios para facilitar el flujo. Estas holguras son lo que en TOC se llaman amortiguadores.

> La confusión es considerar desperdicio a los amortiguadores necesarios para facilitar el flujo. Eliminar los amortiguadores bloquea el flujo.

Por esta confusión, todavía prevaleciente en gran parte de la comunidad LEAN, es que yo afirmo que LEAN mal entendido, como medio de reducción de desperdicios, es el enemigo número 2 de la productividad. El número 1, no lo olvidemos, es la contabilidad de costos.

Las técnicas de LEAN y Six Sigma bien utilizadas

Todo lo dicho para LEAN puede aplicarse a que es otro conjunto de herramientas de mejoramiento. En este caso, no es para reducir desperdicios sino que para reducir variabilidad.

Veremos en el capítulo de operaciones todo el detalle de cómo administrar un flujo con recursos dependientes. Adelantaré que debido a la variabilidad, es necesario tener amortiguadores para proteger el flujo. Los amortiguadores son intercambiables y pueden ser más capacidad, más tiempo o más inventario, como ya se mencionó.

Si reduzco desperdicios de tiempo en una operación que es restricción activa, la capacidad total del sistema aumenta. Esto sí es mejora real.

Si reduzco la variabilidad del sistema, el WIP total necesario para aprovechar la capacidad puede reducirse, reduciendo de paso el tiempo de ciclo. También esto es una mejora.

Cuando el sistema se está gobernando con pensamiento sistémico y con la filosofía TOC, los proyectos de mejora son siempre pocos y enfocados donde se puede mejorar el flujo. Y los mismos mecanismos de control resaltan las oportunidades de mejora. Pero la gran mayoría de las oportunidades de mejora en cada parte del sistema no mejoran el flujo, por lo que hacen daño al distraer recursos en lo que no se necesita en ese momento.

Enfoque sistémico en operaciones

Introducción

Lo primero que hizo el Dr. Goldratt al saltar de la universidad al mundo empresarial fue analizar un proceso productivo y encontrar una manera de programar la producción con capacidad finita en una empresa manufacturera de Israel.

Era 1978 y había varias iniciativas con esta idea, pero el algoritmo de Goldratt es el único que tuvo éxito en lograr un plan que permitiera el control de la ejecución al punto de predecir con bastante precisión lo que se produciría y en qué fechas.

En una fábrica no es muy importante si uno propone un modelo elegante; lo importante es obtener resultados. El Dr. Goldratt los obtuvo y fundó con otras personas una empresa para ofrecer este algoritmo. La empresa era Creative Output y ofrecían el *software* OPT (Optimized Production Timetables).

Después de un tiempo implementando, este *software* demostró dar muy buenos resultados en producción. Esto de por sí fue un logro. Pero introducía una presión sobre el resto de la empresa que generaba problemas, por lo que el Dr. Goldratt decidió que debía ofrecer una visión sistémica para la empresa completa y no solo producción, lo que le significó diferencias irreconciliables con sus socios.

Este capítulo tratará de cómo aplicar el pensamiento sistémico al "sistema producción". En realidad veremos que los principios para administrar un flujo son válidos para producción, proyectos, distribución y funciones de soporte.

Se puede identificar una cadena de valor primaria desde diseño, abastecimiento de materias primas, producción y entrega de productos, incluyendo el caso donde la producción ocurre dentro de un proyecto. Y a esta cadena primaria la alimentan con insumos distintas funciones de soporte como producción de documentos (técnicos, contractuales, comerciales), control de calidad, mantenimiento, servicio técnico, y puede haber otras.

Los principios del flujo que veremos aplican tanto a la cadena primaria como a la secundaria, pero veremos las diferencias de aplicación en cada caso.

He visto en muchas empresas los resultados del error fundamental en todas estas funciones, tanto primarias como secundarias. Y cuando lo hemos corregido, los resultados son rápidos y contundentes. Y cuando demoramos en corregirlo, a pesar de todas las explicaciones y acuerdos, las acciones demoran en ejecutarse correctamente y los resultados demoran demasiado en llegar.

Principios del flujo

El Dr. Goldratt aplicó su lógica primero para determinar un algoritmo en 1978. Después de eso generalizó el proceso desarrollando el método que bautizó como Tambor Amortiguador Cuerda[36] entre 1982 y 1984, y en 2008 publicó un artículo donde hace una revisión de la cadena de montaje de Ford y el sistema de producción de Toyota, deduciendo que en ambos casos se aplicaron los mismos principios.

El artículo de 2008 lo tituló "De pie sobre hombros de gigantes"[37], usando la expresión bien conocida hace siglos que se le atribuye a Newton y a otros personajes famosos.

En este artículo muestra cómo la cadena de montaje de Ford fue tan exitosa porque no permitía que se acumulara material en exceso entre cada uno de los centros de trabajo. Ford pintó en el suelo las zonas donde podían poner las piezas terminadas. Si no había espacio, los operarios no podían seguir procesando mientras no se desocupara el espacio.

Este método funciona muy bien cuando el producto es único. Es conocida la frase de Ford cuando decía que él ofrecía el Ford T de cualquier color que fuera negro.

---

36. El nombre de este método proviene de una analogía que el Dr. Goldratt usaba para explicarlo. Era una compañía de soldados que marchaban al ritmo de un tambor, atados con una cuerda a la que se le permitía un largo mayor que era el amortiguador.

37. *Standing on the shoulders of giants*, E. Goldratt, 2008.

Taichi Ohno, el ingeniero que trabajó con Toyoda desarrollando el TPS[38], estudió esa línea de montaje y quiso replicar el éxito de Ford, pero se encontró con la dificultad de la gran variabilidad en los modelos, en la demanda, en la carga de los recursos. Rápidamente se dio cuenta de que no podía utilizar el espacio para controlar el material en proceso. Decidió utilizar el inventario y de ahí surgió el ya famoso kanban[39].

Ohno demoró entre 15 y 20 años en lograr la estabilidad de ese sistema porque requiere reducir las variabilidades a valores dentro de rangos estrechos. Por ejemplo, cada cambio de referencia o modelo requería un promedio de 8 horas en algunos centros de trabajo. Debió desarrollar SMED[40] para reducir ese tiempo a cosa de minutos.

El Dr. Goldratt se dio cuenta de que tanto Ford como Ohno habían desarrollado un método para controlar el flujo basado en controlar el trabajo en proceso o WIP[41]. Y que él había hecho lo mismo, pero usando el tiempo en vez del espacio físico o del inventario.

Las ventajas de usar el tiempo son varias: no requiere tener inventario producido de antemano, permite mucha mayor flexibilidad en la mezcla de producto, no existen restricciones al flujo entre los centros de trabajo lo que permite mayor variabilidad en las cargas, y varias otras.

Como ya mencioné, en la ocasión que el Dr. Ohno tuvo la oportunidad de conversar con el Dr. Goldratt, Ohno estimó que habría reducido el tiempo a menos de la mitad para lograr los mismos resultados si hubiera pensado en la solución que Goldratt le expuso.

En el artículo citado, el Dr. Goldratt expone los cuatro principios del flujo que él dedujo de este estudio:

> 1. Mejorar el flujo (o su equivalente, tiempo de entrega) es un objetivo primario de las operaciones.

---

38. TPS: Toyota Production System.
39. Kanban es la palabra japonesa para tarjeta. Cada centro de trabajo tiene una cantidad máxima de piezas que puede acumular. Cuando le piden piezas ya terminadas, envía una tarjeta al anterior para que le reponga material para procesar y reponer las piezas entregadas.
40. SMED: *Single-Minute Exchange of Die*. Este método distingue las tareas que pueden hacerse con la máquina funcionando (*setup* externo) y las que requieren parada (*setup* interno). A estas últimas se les aplica inteligencia para reducir el tiempo.
41. WIP: *Work In Progress*.

2. Este objetivo primario debe traducirse en un mecanismo práctico que guíe a la operación a cuándo no producir (impedir la sobreproducción).
3. Las eficiencias locales deben ser abolidas.
4. Hay que implementar un proceso de enfoque para equilibrar el flujo.

Estos cuatro principios tienen consecuencias profundas porque contradicen varios mitos que siguen siendo aceptados en las industrias y universidades.

Es decir, estos principios son correctos solo si las siguientes afirmaciones son falsas:

- Cualquier tiempo ocioso en producción es un desperdicio.
- Mientras antes empiezo algo, antes lo termino.
- Reducir el costo unitario de un producto (calculado con la contabilidad de costos) reduce el costo real.

Puede haber otras creencias similares que también se contradicen, y esta razón es por la que adoptar el pensamiento sistémico es un cambio cultural profundo, que todavía no es general.

Administración de un flujo

INCERTIDUMBRE

Para administrar un flujo existen dos actividades básicas, y usaremos los principios del flujo para diseñar cada aplicación específica:

- Planificar o programar el flujo.
- Controlar el flujo.

Siempre que les pregunto a gerentes para qué tienen programas de producción o de proyectos, las respuestas apuntan a tener control del proceso. Y estoy de acuerdo con esto, por eso la segunda actividad es control del flujo.

Estamos de acuerdo con los objetivos, pero casi nunca estamos de acuerdo con las acciones o tácticas para alcanzarlos. Una creencia muy extendida es "mientras más detalle en la planificación, mayor control en la ejecución".

Y esta creencia se manifiesta en programas de producción detallados por máquina y por día, incluso algunos ponen horas. O en proyectos, una planificación del proyecto especificando tareas muy detalladas con duraciones estimadas de horas. O pronósticos de consumo para planificar inventarios que van al nivel de producto, tienda y por varios días. O los conocidos presupuestos anuales de gastos e ingresos por áreas en las empresas.

La incertidumbre es parte de la realidad. Mientras más detallado es el plan, está expuesto a mayor variabilidad; por lo tanto, mayores son los errores porcentuales de estimación.

Por ejemplo, si pretendo programar los procesos sucesivos de una orden de producción, donde cada proceso tiene una duración estimada de 30 minutos, pero que pueden ser 15 minutos o a veces 120 minutos, lo más seguro es que la segunda unidad, o el segundo proceso, no cumpla con el plan. Lo mismo ocurre con las tareas en proyectos, con los presupuestos y con los inventarios.

Cada vez que se hace una agregación, se reduce el error porcentual. Si lanzamos un dado una vez, podemos obtener entre 1 o 6, con promedio de 3,5 (que no es un resultado posible). Si lanzamos 10 veces, el promedio de la suma es 35, y los extremos probables de esta suma son más cercanos al promedio que en el caso de un solo lanzamiento. Es decir, al lanzar una vez, puedo equivocarme en +2,5 o -2,5, que viene a ser un error de 70% hacia arriba o hacia abajo. Pero si lanzo diez veces, los extremos probables no son 10 y 60, seguramente están mucho más cerca de 30 y 40, lo que lleva a un error menor al 30%.

Esta reducción del error por agregación se puede lograr agregando unidades (familias de productos en vez de productos individuales), tiempo (alargando el tiempo de la estimación), población. Son todas equivalentes: si se hace una, se logra la otra.

Cuando la planificación del flujo se hace a un nivel muy detallado, contiene tanto error que en realidad no existe control. Uno sabe que esto es cierto cuando está obligado a reprogramar. Cada vez que debo reprogramar, debo reconocer que perdí el control y quiero recuperarlo.

> El primer elemento de una buena programación es que
> tenga una cantidad adecuada de agregación.

CONTROL DEL WIP

Por otro lado, el segundo principio del flujo dice que se debe evitar la sobreproducción.

¿Por qué debe evitarse la sobreproducción? ¡A Ford, Ohno y Goldratt les resultó! ¿Necesitamos más explicación?

Yo creo que sí, que necesitamos entender bien qué significa ese segundo principio y necesitamos entender por qué es efectivo para saber cómo aplicarlo bien en cada caso.

Empezaré apelando a su intuición. Creo seguro suponer que usted ha estado en la autopista más de una vez, y que habitualmente puede desplazarse a una velocidad cercana a la máxima y otras veces se ha visto obligado a ir mucho más lento.

En las ocasiones que debió ir muy lento, suponiendo que es contra su voluntad, me atrevo a suponer que fue cuando hubo muchos más automóviles en la carretera. Este es el caso más genérico de atasco en carreteras, además de un accidente.

Vea que un accidente inutiliza una o dos pistas en un tramo, lo que reduce la capacidad real de flujo.

Cuando hay un atasco sin accidente, la velocidad es muy parecida pero ninguna de las pistas fue inutilizada. ¿Qué pasó ahí? Es un fenómeno conocido hace muchos años por los ingenieros de tráfico, y los modelos para estimar la capacidad de una carretera en términos de vehículos por hora, tienen en cuenta la densidad de vehículos por kilómetro. Tienen un máximo de flujo para cierta densidad y esa velocidad de flujo empieza a reducirse para densidades mayores.

En otros sistemas ocurren fenómenos similares. En teoría de colas también se describe el fenómeno, cuando la demanda supera el 90% de la capacidad, la cola crece exponencialmente, incrementándose el tiempo y reduciendo la velocidad de flujo.

Las razones de porqué esto ocurre pueden rastrearse a varias causas, que no intentaré aquí describir, pero lo que sí sabemos es que la capacidad efectiva de flujo depende de la cantidad de WIP liberado. Hasta ahora siempre he visto que ocurre esto, por lo que usaré este supuesto sin intentar demostrar su validez; para mí ya es de sentido común.

Si hay muy poco WIP, muy por debajo de la capacidad instalada, el flujo será también poco. Esto era obvio: si no hay trabajo, no hay producción.

Lo que no es tan obvio es que un exceso de WIP liberado en el sistema también reduce el flujo. Por lo que podemos establecer lo siguiente:

> Para un sistema con capacidad finita, la velocidad de flujo depende del WIP, alcanzando su máximo flujo en un rango de WIP controlado.

Por lo tanto, el segundo principio lleva a tener un mecanismo para liberar una cantidad controlada de WIP, evitando el exceso.

Teniendo en cuenta este principio y el de agregación, la manera de programar un flujo es programando la cantidad de WIP a liberar en cada periodo.

> La programación de un flujo consiste en tener un mecanismo para liberar cantidades controladas de WIP dentro del rango de máxima capacidad.

Producción a pedido

Una fabricación a pedido es necesaria cuando es muy riesgoso producir antes de saber cuánto y cuándo se necesitará del producto.

Ejemplos de esto son productos especiales o restaurantes a la carta.

El cliente siempre tiene una tolerancia de tiempo para esperar el producto por lo que la clave aquí es cumplir el plazo prometido.

Usted no es la excepción; todos hemos sufrido la decepción de encargar algo a pedido y que el plazo no se cumpla. La incertidumbre crece enormemente cuando ya se cumplió el plazo. Si el incumplimiento genera un gran daño al cliente, el nivel de ansiedad crece más todavía.

En muchas industrias es conocido el fenómeno. Y una mejora de la entrega a tiempo de, por ejemplo, 60% a 85% no significa nada para los clientes. Piense que si existe una probabilidad mayor a 10% de que le incumplan, usted tomará precauciones para protegerse del incumplimiento en el 100% de las veces. El incumplimiento tiene un gran costo oculto.

¿Por qué es tan frecuente que haya incumplimiento en tantas industrias? ¿Acaso no saben los fabricantes que cumplir a tiempo es uno de los atributos más valiosos para los clientes?

Hay empresas donde ya decidieron no seguir intentándolo. Tuve hace algunos años una conversación con el gerente de operaciones y con el gerente de producción de una empresa chilena que fabrica envases flexibles a pedido. En ese momento vendían alrededor de USD500 millones al año, exportando a varias partes del mundo.

Cuando les pregunté acerca de su desempeño de entrega a tiempo me respondieron que era 79,2%, considerando pedidos completos. Me impresionó que supieran el número con tanta precisión. Y al preguntarles qué harían para mejorarlo me dijeron algo más sorprendente todavía. No tenían muchas esperanzas de mejorarlo porque ese número ya estaba muy cerca del máximo teórico para ellos, que habían decidido que era 85%.

Es decir, esta empresa pensaba que el máximo nivel de servicio sostenible era ofrecer a sus clientes la misma probabilidad de llegar a tiempo que de sobrevivir a la ruleta rusa.

¿Cómo es posible que siendo tan importante cumplir los plazos, no sea la práctica habitual en tantas industrias?

La razón es simple. Es porque prometen plazos basados en la capacidad que creen que tienen. Como permiten que el WIP fluctúe mucho más que el rango controlado que hemos mencionado, sus plazos también fluctúan. Y a veces entregan más de lo que creían y otras menos, por lo que un porcentaje mayor a 10% o 15% de las veces incumplen.

Y es que nadie les ha dicho que la capacidad efectiva, con la que pueden hacer una buena estimación de tiempo, depende del WIP.

En cambio, en universidades de gran reputación, firmas consultoras de clase mundial, y otras empresas de referencia, consideran que se requiere reducir costos al máximo para ser competitivos. Esta era una de las estrategias competitivas que me enseñaron a mí en la universidad.

Para reducir costos, el cálculo que se hace es cuánto costo absorbe cada actividad en el proceso. En la medida que cada recurso procese más unidades, menor será el costo unitario absorbido. Esta es la lógica.

¿Cómo logramos el mínimo costo unitario? Cuando todos los recursos estén ocupados a su máxima capacidad. ¡Un momento!, esto contradice el tercer principio del flujo: abolir las eficiencias locales. ¿Estará equivocado ese principio?

EQUILIBRADO DE CAPACIDAD

Vamos a intentar diseñar una línea de producción que maximice el flujo y minimice el costo unitario. Esto se logra con una línea equilibrada.

A pesar de que hay ya bastante literatura acerca de este tema, haré una breve demostración aquí para dar sustento a las afirmaciones que le siguen.

El sistema que hemos diseñado tiene seis recursos, todos con una capacidad promedio de 10 unidades/hora. La expectativa sería que el sistema permitiera un flujo promedio de 10 u/h.

La capacidad de cada uno de los recursos es promedio, lo que significa que la mitad del tiempo hace 10 o más por hora, y la otra mitad del tiempo hace 10 o menos por hora.

El otro hecho que debemos tener en cuenta es que es una cadena, donde el último recurso es capaz de entregar lo que le entrega el anterior. Es decir, la capacidad total en cada instante la determina el más lento.

Para que logremos el flujo promedio de 10 u/h, requerimos que todos estén produciendo 10 o más unidades por hora al mismo tiempo. La probabilidad de que uno trabaje a ese ritmo es 1/2. Por lo que la probabilidad de que todos trabajen al mismo tiempo a ese ritmo es (1/2)6 = 1/64. Es decir, de cada 64 horas, lograremos ese promedio en una, y menos de ese promedio en 63 horas. En un año de 365 días laborales, eso se logra en apenas seis.

Ya sé lo que puede estar pensando. Lo que necesitamos es lograr independizar a los recursos, para que el promedio total sea el de cada uno. Esto podría lograrse inundando de WIP la planta, lo que genera el otro efecto nocivo sobre la capacidad efectiva que usé como hipótesis para programar: el exceso de WIP reduce la capacidad.

La conclusión es:

> Equilibrar las capacidades de los recursos de una línea de producción reduce la capacidad efectiva de la línea en una cantidad significativa.

De paso acabo de demostrar que minimizar el costo unitario logra el efecto contrario al buscado, porque al reducir la capacidad real, se reduce la cantidad producida para un costo de operación dado, maximizando el costo real unitario de operar. Es por esto que Goldratt y Ohno consideraban la contabilidad de costos el enemigo número uno de la productividad.

AMORTIGUADOR DE CAPACIDAD

Para lograr un flujo dado, se requiere que al menos uno de los recursos sea capaz de esa capacidad promedio y el resto de los recursos tenga una capacidad extra, que llamaremos amortiguador de capacidad.

La magnitud del amortiguador de capacidad depende de la variabilidad del proceso. Teniendo en cuenta la gran cantidad de fuentes de incertidumbre, este amortiguador de capacidad debe exceder en 20% como mínimo al recurso restricción. Ese valor de 20% es un mínimo para sistemas muy estables. En mi experiencia, lo saludable es contar con 50%-100% o más de exceso de capacidad.

Además, como ya lo mencioné, los amortiguadores son intercambiables: menos amortiguador de capacidad lleva a más amortiguador de tiempo, y viceversa.

Teniendo estas capacidades en exceso como amortiguador, y sabiendo que no queremos inundar la planta de producción con WIP, debemos permitir que la mayoría de los recursos tengan tiempos de espera para permitir el máximo flujo.

El tercer principio del flujo nos advierte en contra de esta creencia tan extendida que lleva a darle trabajo a cada recurso que veamos detenido. La frase "le pago para que trabaje" está equivocada. La realidad es que los sueldos aseguran disponibilidad a lo largo del día para permitir la sincronización de las distintas partes, pero ahora vemos que muchos tiempos ociosos son muy productivos.

> El error fundamental de desconocer la naturaleza
> sistémica es el que lleva a tomar decisiones que bloquean
> el flujo en fabricación a pedido.

El sistema de programación en una fabricación a pedido debe cumplir con tener desequilibrada la línea, controlar el WIP y evitar medir la productividad individual de los recursos.

El TPS diseñado por Ohno logró eso. Pero como ya mencioné, Ohno expresó que habría demorado menos de la mitad de tiempo en lograr todo lo que logró si hubiera pensado en el sistema de Goldratt.

PROGRAMACIÓN DE LA PRODUCCIÓN SEGÚN TOC

La programación según TOC es decidir en qué fecha debe liberarse cada orden. En vez de programar cada máquina, lo que se programa es cada orden, y una vez liberada la orden a producción, cada recurso debe trabajar a la máxima velocidad que pueda, sin errores.

En concreto, en una empresa típica, uno tendrá productos con rutas más largas que otras, y la experiencia indica que algunos productos demoran en terminarse más días que otros.

Es importante tener en cuenta que en la mayoría de las fábricas, el tiempo efectivo de procesamiento, es decir la suma de todo el tiempo que está siendo procesado un lote de transferencia[42], es una fracción del tiempo total que demora en terminarse la orden.

Normalmente cuando pregunto cuánto es el tiempo efectivo de procesamiento de una orden, lo que llamamos en TOC tiempo de toque, me dicen un tiempo bastante mayor al que espero.

La última vez fue en una empresa que estaba entregando órdenes que demoraban en promedio veinte días. Y me dijeron que el tiempo de toque era cuatro días. Les pregunté si podíamos hacer el recorrido de una orden y anotamos el tiempo estimado en cada recurso. Cuando había debate de si eran quince o treinta minutos, yo ponía el máximo o incluso los sumaba, para que no hubiera duda de que el tiempo calculado estaba sobredimensionado. La suma dio poco más de treinta horas, o sea menos de un día y medio.

He visto este mismo razonamiento en literatura de LEAN, para demostrar que del tiempo total de producción, en este caso hay una oportunidad de reducir desperdicios equivalentes a diecisiete días.

En TOC sabemos que la cantidad de tiempo tiene una relación casi lineal con el WIP, por lo que reducir el tiempo a la mitad debe reducir

---

42. Lote de transferencia es la cantidad de WIP que habitualmente se transfiere de un recurso a otro. Si es muy grande (uno o dos días), conviene reducirlo y transferir con más frecuencia. Mientras más frecuente, más fluido, lo que conviene al flujo.

el WIP más o menos a la mitad. Y haciendo esto, aceleramos el flujo desde el primer día.

El procedimiento es revisar de la producción de los últimos meses los tiempos promedios. Si varían más de 25% entre algunos y otros productos, se puede tener dos o más familias. Por cada familia se determina un amortiguador igual a la mitad del tiempo de esos productos en el pasado.

Para las órdenes actuales, se determina a qué familia pertenece cada producto y se le asigna el amortiguador. Y se calcula la fecha de liberación restando el amortiguador a la fecha prometida de entrega.

Esto dejará varias órdenes congeladas hasta que les llegue su fecha de liberación, acelerando el flujo de las que quedan sin congelar. Al pasar los días, se van liberando las órdenes en las fechas que se calcularon.

> El procedimiento de programación es respetar la fecha de liberación calculada como la fecha de entrega menos el amortiguador de producción.

Esta acción requiere mucha disciplina porque todavía habrá bastante ansiedad al liberar menos trabajo del que varios recursos pueden hacer. La tentación es "adelantar trabajo" y ya sabemos que eso no ayuda, más bien bloquea. Es decir, "cuanto antes empiezo, antes termino" es falso en una producción con una cadena de recursos dependientes.

No explicaré aquí el procedimiento para seguir prometiendo fechas con alta probabilidad de cumplirse, pero esto es lo que lleva a las fábricas cerca del 100% de entrega a tiempo. Tengo mucha experiencia haciéndolo. En una fábrica de cables de acero colombiana que entregaban a tiempo menos de la mitad de la producción, llegaron en dos meses al 98%. En una fábrica de material para perforar roca en Chile, de 60% llegaron a 97% en tres meses.

En los casos que hemos demorado más en llegar al 100% es, en parte, por no respetar las fechas de liberación. La otra parte fue no por respetar los colores, que es lo que explicaré ahora.

SISTEMA DE CONTROL DE LA PRODUCCIÓN SEGÚN TOC

Los amortiguadores de producción vienen a ser una profecía autocumplida. Si le damos diez días a cada orden, se terminarán en ese tiempo como máximo.

Pero al liberar muchas órdenes a producción, inevitablemente tendremos colas frente a los recursos. ¿Cómo decidimos qué secuencia es la mejor para procesar cada orden?

Lo que estamos intentando con la fabricación a pedido es entregar siempre a tiempo, por lo que la secuencia debe tener en cuenta la fecha de entrega. Las órdenes con fecha de entrega más cercana deben procesarse antes.

Una alternativa es guiarse por la fecha de entrega. Podríamos tener tres órdenes, una para el 13, otra para el 14 y otra para el 15. Y supongamos que la primera y la tercera requieren el mismo alistamiento de máquina (*setup*).

Si seguimos la secuencia de fechas debemos hacer un alistamiento para la primera, otro para la segunda, y repetir el primero para la tercera. ¿Qué ganamos con esto? Si es cierto que el tiempo de toque es pequeño respecto del amortiguador, hemos desperdiciado capacidad en alistamientos sin ganar nada en cumplimiento de plazos.

Para proteger la entrega a tiempo y permitir optimizaciones locales, el amortiguador lo dividimos en tres zonas de colores. El primer tercio del tiempo se pone verde y es la prioridad más baja. El segundo tercio del tiempo se pone amarillo y tiene más prioridad que verde. El tercer tercio se pone rojo y es la más alta prioridad de las órdenes que están a tiempo. Si la orden no se ha terminado y pasó su fecha de entrega, la orden se pone de color negro y es la más alta prioridad en producción.

Entre varias órdenes del mismo color ninguna tiene prioridad, permitiendo en nuestro ejemplo que se procese la primera y la tercera juntas, ahorrando alistamientos.

A veces he visto que se entiende que verde no tiene urgencia. Permítame aclararlo: todas las órdenes liberadas a la planta deben procesarse lo antes posible; los colores dictan la secuencia.

AJUSTE DE LOS AMORTIGUADORES

Con el sistema ya funcionando es natural tener una cantidad de verde, amarillo y rojo. La estabilidad del sistema la da una cantidad de órdenes rojas por debajo del 20%.

Esto es una foto cada día, no es el color con que se terminan. Si se terminan todas rojas, tenemos 100% de entrega a tiempo, pero en producción debemos tener cada día un porcentaje de 20% o menor de órdenes rojas.

La razón es que la regla dice que el color da la prioridad. Dentro de las rojas todas tienen la misma prioridad. Si tenemos muchas rojas y varias están por atrasarse, la elección aleatoria de algunas rojas que ayer eran amarillas va a asegurar que las otras rojas sean negras mañana. Esto se evita si las rojas son menos del 20%.

Si las rojas son muy pocas, menos del 5%, estamos liberando WIP con demasiada anticipación. Conviene reducir el amortiguador para reducir el tiempo de ciclo. La reducción recomendada es entre 10% y 15%. Esto incrementará inmediatamente el porcentaje de rojas, manteniendo al sistema en tensión de mejora.

Para ir reduciendo los amortiguadores de las familias se requiere un plan de mejora continua. No explicaré en detalle aquí cómo hacerlo, solo daré una idea general.

Al recolectar las razones que han llevado a las órdenes a ponerse rojas, cada cierto tiempo se puede identificar cuáles son las razones más frecuentes. Si se ejecutan proyectos para reducir estas razones (causas frecuentes de rojas), el porcentaje de rojas se reducirá. Estos proyectos son el lugar adecuado para usar las técnicas de LEAN y de Six Sigma.

Producción para disponibilidad

Cuando los productos son estandarizados, en general, los clientes no tienen tolerancia de tiempo para esperar la producción porque alguien tuvo la idea de mantener un inventario de entrega inmediata.

En este caso debemos preguntarnos qué buscamos satisfacer, porque la entrega a tiempo requiere un plazo y en este caso no se admiten plazos. El buen servicio en este caso es tener suficiente inventario para satisfacer cualquier demanda razonable.

La palabra razonable introduce un juicio acerca del inventario necesario. Por ejemplo, si fabrico tornillos y del modelo roscalatas de 1x1/2 cabeza plana, me están comprando 10.000 a la semana y llega alguien a comprar 100.000, es razonable pensar que ese es un proyecto especial y que es difícil que otro proveedor tenga tanto inventario.

En este caso, también es razonable pensar que los 100.000 no se requieren inmediatamente y puede hacerse una orden a pedido.

AMORTIGUADOR DE INVENTARIO

Aclarada la situación especial de una demanda excepcional, calculemos el inventario necesario para satisfacer inmediatamente cualquier demanda "razonable".

> El inventario necesario para tener disponibilidad inmediata
> con alta probabilidad es igual al máximo consumo
> esperado dentro del tiempo de reposición.

Esta fórmula es válida para todos los productos individualmente.

Lo primero es entender el tiempo de reposición. En el caso de la producción, el tiempo de reposición se compone de la frecuencia de reposición y el tiempo de producción. Si el tiempo de producción es unos diez días (para el caso de una producción que no tiene control de WIP todavía, estimamos la mitad del tiempo actual, como hicimos en el caso a pedido), y la frecuencia de revisión y reposición de *stock* es semanal, el tiempo total de reposición es unos 17 días.

Veamos el caso de un producto para calcular el inventario necesario. Efectuamos un cálculo con los consumos de los últimos meses, donde hacemos una suma móvil para el tiempo de reposición determinado, en este ejemplo es de los últimos 17 días. Esto nos dará una secuencia de sumas que va subiendo y bajando. El valor máximo de esa secuencia es el máximo consumo que se tuvo en el pasado en un tiempo de reposición, y este valor es el que tomaremos como inventario inicial.

Ese valor de inventario es lo que llamamos amortiguador de inventario, o simplemente amortiguador en este contexto.

PUESTA EN MARCHA

Para iniciar el sistema, debemos revisar cuánto inventario tenemos de cada producto, comparado con su amortiguador. Si el inventario real es menor, debemos generar órdenes de producción que completen el inventario.

Si el inventario es mayor al amortiguador, todas las órdenes pendientes de ese producto deben ser anuladas inmediatamente. Si hay alguna en producción, debe decidirse si es mejor terminarla o detenerla.

Esta primera acción enfoca la capacidad a conseguir la disponibilidad inmediatamente y es muy probable que haya exceso de inventarios, lo que genera una baja de carga abrupta en la primera semana.

CONTINUIDAD AL DÍA SIGUIENTE

Desde el día siguiente y en adelante, debe revisarse el inventario de cada producto y generarse una orden para reponer solo lo consumido (o vendido) desde la última reposición. Esto se hace con una frecuencia fija, porque el tiempo entre órdenes de producción es una parte del tiempo de reposición. Si hacemos variar mucho el tiempo de reposición, nuestro inventario siempre será incorrecto: a veces es demasiado y otras veces tendremos agotados[43].

Si suponemos frecuencia diaria de pedido, un tiempo de reposición de unos 10 días, y que todos los días hay consumo, tendremos un inventario en almacén y otro inventario en producción (tránsito).

La cantidad de inventario en producción es proporcional al tiempo de producción. Y la cantidad de inventario disponible en almacén es proporcional a la frecuencia de reposición. En este ejemplo podríamos tener unas 9 a 10 órdenes de ese producto en producción y una cantidad en almacén para la venta diaria.

Como el cálculo original consideró el máximo, el exceso de inventario en los días que no se consume el máximo se acumula en el almacén, justo donde lo queremos. Todos los días entran órdenes al almacén y todos los días se consume, generando más órdenes.

CONTROL DE LA PRODUCCIÓN

Nuevamente podemos tener la situación de varias órdenes en una cola frente a un recurso y debemos decidir la secuencia. Usemos el mismo sistema de colores, con los mismos significados.

Pero en este caso, el color de una orden lo provee el color del amortiguador en el almacén. El amortiguador de inventario calculado

---

43. Nótese que el popular método de MÍN/MÁX tiene fija la cantidad de reorden y permite que el tiempo varíe, por lo que lleva a este efecto indeseable de inventarios incorrectos casi todo el tiempo. Otro misterio es por qué sigue siendo el método enseñado en tantos sitios.

se divide en tres y ahora verde lo tiene el tercio superior, amarillo es el tercio del medio y rojo es el tercio antes de agotado. Y si llega a agotado, el color es negro.

Cuando hay más de una orden del mismo producto en producción, la orden más antigua toma el color del amortiguador en el almacén. La siguiente más antigua toma el color que tendría el amortiguador si la primera ya se hubiera entregado. Y así sucesivamente con todas las órdenes.

AJUSTE DE LOS AMORTIGUADORES

En el caso de los amortiguadores de inventario, el ajuste debe hacerse para seguir la tendencia de consumo. Si el consumo está creciendo, el amortiguador también debe crecer, y viceversa.

El método más usado en implementaciones de TOC es determinar criterios para decir que el amortiguador está "demasiado en rojo" o "demasiado en verde".

Cuando está demasiado en rojo, hay peligro de agotados y se incrementa el amortiguador en una zona completa, es decir se multiplica por 4/3. En este caso, se genera una orden inmediatamente para completar el amortiguador.

Cuando está demasiado en verde, estamos usando la capacidad para un consumo incierto, y se reduce el amortiguador en una zona, es decir se multiplica por 2/3. En este caso, se detienen todas las reposiciones hasta que no se vuelva a color verde.

UNA ADVERTENCIA

La única manera de tener acumulación de inventario es teniendo más capacidad que demanda.

Como la producción para disponibilidad presupone la capacidad de acumular inventario, en fábricas de este tipo siempre debe sobrar capacidad, es lo que llamamos "capacidad protectiva"

Por lo tanto, debe establecerse un mecanismo que mida la capacidad protectiva de manera periódica y cuando este amortiguador de capacidad esté menor a 20%, debe ejecutarse una expansión de capacidad para mantener el nivel de servicio.

Solo reconociendo la naturaleza sistémica de la empresa,
la capacidad protectiva será reconocida como un activo y
no como desperdicio.

Administración de proyectos

Son dos aspectos los que diferencian a los proyectos de la fabricación a pedido:

- El tiempo efectivo de proceso de un proyecto es una porción significativa del plazo total del proyecto.
- Habitualmente las tareas de un proyecto no obedecen a un proceso repetitivo, como sí lo son en un proceso en manufactura.

Pero igual que en la fabricación a pedido, lo importante en los proyectos es entregar a tiempo, realizando todo el alcance y dentro del presupuesto.

En la fabricación, el aspecto del presupuesto lo da el precio, y el alcance corresponde a lograr la calidad mínima exigida.

Lo más habitual en los proyectos es que alguien construya un plan para el proyecto, en una carta Gantt, o en una red PERT, o ambas.

Nuevamente vemos que la tendencia es a querer controlar las actividades a un nivel muy detallado, suponiendo que más detalle en el plan da más control en la ejecución, lo que es falso.

PROCESO DE PLANIFICACIÓN

Al haber establecido diferencias entre producción y proyectos, sabemos que los principios son los mismos pero la aplicación será distinta.

Ya sabemos que el único objetivo del plan es tener control en la ejecución. El plan no se requiere para dar instrucciones de cómo ejecutar el proyecto. Si esto fuera necesario, se puede entregar un documento aparte para describir las tareas y la secuencia, pero nuestro plan debe servir para controlar la ejecución.

Nuevamente el principio de agregación nos servirá para reducir la incertidumbre a niveles más manejables.

Por un lado, las tareas que debemos poner en nuestro plan deben agrupar el máximo posible de actividades que realice un recurso o grupo de recursos. Por ejemplo, un grupo de diseñadores debe producir

5 planos, 3 memorias de cálculo y un documento de especificaciones. En vez de poner 9 tareas, ponemos solo 1 con una duración que sume las estimaciones.

El Dr. Goldratt estimaba que un proyecto muy grande no debía tener más de 300 tareas en el plan.

La otra fuente de agregación será agrupar las necesarias holguras que se estiman en las tareas. Lo que sabemos con certeza acerca de la duración de las tareas del proyecto es que no las conocemos con precisión. Hay una probabilidad baja de que una tarea demore muy poco, y también es baja que demore mucho más de lo estimado. Pero como vamos a estimar una duración para prometer un plazo, necesitamos estimar duraciones con holgura.

Por ejemplo, la tarea anterior, con nueve actividades, puede tener una estimación de 10 días. Sabemos que es posible hacerla en 5 días si no hay ningún contratiempo, digamos con una probabilidad de 1/2 de cumplirse por lo que es arriesgado prometerlo.

Pero si todas las tareas del proyecto están en esta situación, lo que podemos hacer es tomar las cadenas dependientes y estimar un tiempo que tenga alta probabilidad para la cadena completa. Tomemos una cadena de 20 tareas consecutivas, cuyas duraciones con holgura suman 180 días. Si le quitamos la mitad de la estimación a cada una de las 20 tareas, nos queda un plazo de 90 días para la cadena. La probabilidad de que todas se entreguen a tiempo es igual a la probabilidad de que todas se atrasen: es (1/2)20 ~ 0. Esto nos lleva a concluir que necesitamos agregar holgura para elevar la probabilidad de entregar a tiempo, pero también nos dice que no necesitamos toda la holgura para entregar a tiempo. Entre los dos extremos, de nada de holgura o toda la holgura, elegimos la mitad. La holgura que quitamos en este ejemplo fue 90 días, por lo que agregaremos 45 días como un amortiguador al final de esta cadena, quedando un plazo de 135 días con alta probabilidad de cumplirse.

Estos amortiguadores se usan igual que en producción. Sabiendo en qué fecha queremos entregar, restamos amortiguador y nos da la fecha de liberación de la cadena.

CADENA CRÍTICA Y CADENAS DE ALIMENTACIÓN

En un proyecto que ya tiene todas sus tareas definidas, con las estimaciones hechas, veremos dos tipos de dependencias.

Un tipo de dependencia es cuando una tarea requiere que otra se complete para realizarse.

Otro tipo de dependencia ocurre cuando dos tareas pueden realizarse en paralelo, pero requieren al mismo recurso. En este caso, estamos suponiendo que la capacidad es limitada, lo cual es lo realista de hacer.

La técnica de Ruta Crítica[44] consiste en calcular la cadena de tareas más larga dentro del proyecto, sin considerar limitaciones de capacidad.

Cuando tenemos limitaciones de capacidad, la cadena más corta posible es la cadena más larga que se forma al considerar ambas dependencias, y Goldratt la llamó la Cadena crítica. No es fácil determinar la Cadena crítica, pero hay paquetes de *software* que permiten hacerlo, siempre que el plan (Gantt o PERT) siga las indicaciones dadas más arriba.

Una vez que se ha determinado la Cadena crítica, quedan otras cadenas de tareas que no están en la Cadena crítica, pero se unen a ella en distintos puntos del proyecto; a estas se les llama cadenas de alimentación.

El procedimiento de planificación consiste en determinar la Cadena crítica y todas las cadenas de alimentación. Se calculan sus amortiguadores correspondientes, como ya expliqué.

El amortiguador de la Cadena crítica es el Amortiguador de proyecto, y llega a la fecha de entrega del proyecto.

Los amortiguadores de cada cadena de alimentación llegan a cada punto de contacto con la Cadena crítica, y desde esa fecha hacia atrás se calcula la fecha de liberación de esa cadena de tareas.

> El programa final consiste en el conjunto de fechas de liberación de las primeras tareas de cada cadena, tanto la crítica como las de alimentación.

Cuando se ha liberado la primera tarea de cualquier cadena debe trabajarse en esa cadena para terminarla lo antes posible.

---

44. CPM: *Critical Path Method.*

PROGRAMACIÓN DE MÚLTIPLES PROYECTOS

Una situación, que es habitual en empresas de ingeniería o de construcción, es que varios proyectos se ejecuten con los mismos recursos. En realidad esto se parece mucho a la producción, donde van varias órdenes simultáneas.

En este caso, se debe realizar la programación de cada uno de los proyectos, como se describió en el apartado anterior. Y después, considerando el punto de integración, donde todos los proyectos deben pasar, se escalona la programación de esta etapa para evitar que las integraciones ocurran todas al mismo tiempo. Esto es el control de WIP en proyectos.

Al hacer esto, las fechas de entrega y de liberación quedarán más repartidas en el tiempo, pero es lo más realista al considerar la capacidad limitada, y se evitarán congestiones que retrasarán mucho más cada proyecto.

MALA MULTITAREA

La multitarea consiste en hacer dos o más cosas al mismo tiempo. Es un atributo que mucha gente valora como positivo, representado en la famosa frase "caminar y masticar chicle al mismo tiempo".

La multitarea puede ser buena o mala. La mala es cuando uno abandona una tarea para empezar otra, pero abandona la segunda sin terminarla.

La buena es cuando la segunda se termina y se vuelve a la primera.

Hay varios ejercicios que pueden hacerse para ilustrar el desperdicio de capacidad que ocurre con la mala multitarea. Voy a describir uno aquí, que usted puede hacer en menos de diez minutos ahora mismo.

En una hoja de papel debe escribir el alfabeto completo en orden, los números del uno al veintiséis, y una secuencia de veintiséis figuras, repitiendo esta secuencia: círculo, cuadrado, triángulo y estrella, donde deben quedar seis grupos iguales y terminar en cuadrado.

Ponga un cronómetro y mida el tiempo que demora en hacerlo, pero debe hacerlo de dos maneras distintas.

La primera vez debe saltar de letras a números y de números a figuras cada tres elementos. Es decir, empieza ABC, sigue 123, continúa círculo, cuadrado, triángulo, luego DEF, 456, estrella, círculo, cuadrado, y así hasta terminar. Mida el tiempo que demora así.

La segunda vez escriba todas las letras primero, luego todos los números y termine con todas las figuras.

Si usted es como los cientos de personas que han hecho este experimento bajo mi supervisión, demorará entre 2 y 3 minutos en la primera vez, y entre 1 y 2 minutos en la segunda.

Fíjese que el total de tareas es idéntico en ambas ocasiones, y la capacidad instalada también. Pero cambiamos la manera de organizar el trabajo: en la primera permitimos más tareas abiertas, más WIP. Y solo por eso se produjeron una serie de efectos que terminaron en desperdicio de capacidad.

En este experimento las tareas eran bastante sencillas. Mientras mayor la exigencia intelectual de las tareas, mayor el desperdicio de capacidad.

Uno de los clientes de Goldratt Consulting en India, una empresa de ingeniería que tenía un buen desempeño (comparado con la competencia), tomó acciones para reducir todavía más la mala multitarea y el resultado fue que al cabo de ocho meses habían multiplicado por diez la cantidad de proyectos terminados por mes.

> Yo no prometo ninguna cifra. Pero no se sorprenda si la productividad crece a más del doble evitando la mala multitarea.

MECANISMOS PARA EVITAR LA MALA MULTITAREA

En Goldratt Consulting hemos identificado cuatro mecanismos para evitar la mala multitarea. En general son mecanismos que pueden aplicarse a cualquier operación, no solo proyectos, pero en proyectos son esenciales para controlar el sistema.

Ya le he mencionado dos: las distintas fechas de liberación dentro de un proyecto y las fechas de liberación al escalonar el inicio de proyectos cuando son varios.

El tercer mecanismo lo llamamos Kit Completo o Full Kit (FK). Consiste en tener todas las preparaciones completas antes de iniciar una tarea, y más importante, una cadena de tareas. Si no se logra esto y se inicia la cadena, es frecuente que no se pueda continuar por falta de preparación y, para no desperdiciar capacidad, se abren otras tareas para el recurso. Cuando ya se ha completado la preparación inconclusa, el recurso se encuentra ahora en la situación de multitarea, y es casi seguro de que será mala.

Es cierto que puede llegar la fecha de inicio de la cadena y no está el FK, y pareciera razonable iniciar otras tareas para aprovechar la capacidad. Mi recomendación es que no anticipe otras tareas y concentre esos recursos en completar el FK. Esta disciplina es mucho más eficaz en aprovechar bien la capacidad.

El cuarto mecanismo lo establecemos al nivel más bajo de detalle. Las tareas pueden tener varias actividades, como en el ejemplo de antes, con varios dibujos y documentos. Se requiere disciplina para que cada una de estas actividades se realice de a una, y así evitar la mala multitarea. En cada caso se podrá establecer un mecanismo distinto, lo que constituye la aplicación específica. Lo importante es que sea simple y controle efectivamente la mala multitarea. Por ejemplo, en un grupo de diez ingenieros, uno debe actuar como coordinador y ordenar las tareas en la secuencia adecuada. Y cada ingeniero recibe solo una tarea para trabajar, dejando el resto en una cola. Solo cuando una se termina se entrega otra. En casos donde las tareas puedan tener tiempos muertos será mejor entregar dos a cada ingeniero, como máximo tres. Mi recomendación es que nunca se entregue más de tres.

CONTROL DE LA EJECUCIÓN EN PROYECTOS

El primer control es lograr que se respeten las fechas de liberación. Ya sabemos que no se adelanta nada si se libera antes de tiempo.

Hace unos años yo trabajaba como ingeniero de control en una empresa de ingeniería. En uno de los proyectos donde trabajé era el proyecto de ingeniería más grande que se había hecho en Chile, creo que en la historia. Y al poco andar veía cómo las reuniones eras muy tensas y el desarrollo de planos, diseños y documentos tenía varios errores. Los errores se detectaban y se corregían, pero todo esto era capacidad desperdiciada.

En una de las reuniones a las que asistí estaba el gerente del proyecto, lo que no era habitual. Por mi posición no me dirigía la palabra y no creo que supiera siguiera qué hacía yo, por lo que, estimado lector, no imagine que yo levanté la voz en esa reunión.

El caso es que el ingeniero jefe de la especialidad de electricidad le decía que los planos y documentos que seguían se iban a necesitar como seis meses más tarde y, argumentaba, no era necesario empezarlos. Lo más seguro es que después cambiaran otras cosas, obligando a cambiar aquellos. El gerente le dijo que no le importaba, que quería ponerle al proyecto la máxima velocidad, por lo que no quería ver a nadie desocupado.

> El error fundamental, no considerar la naturaleza sistémica de las organizaciones, genera gran desperdicio de productividad al promover mucha mala multitarea.

El primer control es que se respeten las fechas de liberación, se completen los full kits y se evite abrir muchas actividades por cada recurso.

Lo segundo que debemos controlar es que el proyecto vaya a un ritmo que permita terminarlo a tiempo o antes.

> En la ejecución, no importa si las tareas terminan o no a tiempo, lo que importa es que el proyecto termine a tiempo.

Para eso podemos usar los amortiguadores. Nuevamente los dividimos en tres y les ponemos colores. Esta vez el color tiene que ver con cuántos días de amortiguador se ha utilizado, comparado con cuánta cadena se ha avanzado. El amortiguador de proyecto es el principal indicador.

Cada vez que se termina una tarea, se contabilizan los días que demoró, y la diferencia respecto de lo estimado se le resta o suma al consumo del amortiguador. Si una tarea tenía cinco días estimados y se demoró tres, le quitamos dos días al consumo de amortiguador. Si hubiera demorado quince, le sumamos diez días al consumo del amortiguador.

Si el consumo está todavía en el primer tercio, es verde. Si lo supera pero no pasa de dos tercios, es amarillo. Pasados dos tercios es rojo, y atrasado es negro.

Estos colores permiten tomar decisiones de asignación de recursos y de activación de planes de contingencia.

RESUMEN

El capítulo de proyectos es bastante más extenso que otras operaciones, pero los principios son los mismos.

Lo principal es el flujo del sistema, para esto debemos controlar el WIP y debemos tener señales para tomar decisiones. Y no debemos guiarnos por eficiencias locales.

Todos los mecanismos de programación descritos están diseñados para evitar la mala multitarea. Durante la ejecución debe evitarse la mala multitarea con los cuatro mecanismos descritos. Y las decisiones de asignación de recursos deben guiarse por los colores.

Hay buenos libros y cursos, además de *software* y empresas, que permiten aplicar estos conceptos a la situación particular de cada organización de proyectos: inmobiliarios, construcción, ingeniería, *software*, diseño de productos, desarrollo de moléculas y un largo etcétera. Es mucho más simple que los métodos convencionales, pero muy difícil de adoptar, porque hay que aceptar que muchos recursos no estén ocupados en buena parte del tiempo.

Distribución

Esta explicación será muy corta porque ya adelanté casi todo en la sección de producción para disponibilidad.

> Recordemos que solo se requiere inventario para satisfacer una demanda "razonable" de productos estandarizados y que se espera que estén de entrega inmediata.

¿Cuántas cadenas de tiendas, supermercados, farmacias, u otras conoce donde uno puede obtener excelente disponibilidad? Mi experiencia indica que pocas.

Si le parece que exagero, haga una lista de diez cosas que compra habitualmente en el supermercado, indicando marca y formato (no acepte sustitutos). Y ahora vaya al supermercado a buscarlas. Si hace esto unas tres veces, creo que está garantizado que algo no encuentra en alguna de esas visitas.

Nuevamente usemos un poco de matemáticas. Supongamos que una empresa se considera realmente buena porque tiene 95% de disponibilidad promedio de cada producto. Esto significa que su lista de diez productos tiene una probabilidad de 0,9510 de estar completa en el supermercado en un día cualquiera. ¿Lo calculó? La probabilidad es 59,87%. En tres visitas tendría como 20% de probabilidades de salir con todo cada vez.

Incluso esa disponibilidad de 95% es demasiado alta para el estándar de la mayoría de las tiendas, por lo menos en Chile.

Nuevamente nos hacemos la incómoda pregunta de porqué ocurre esto. ¿Acaso hay algo más importante para una tienda que tener el producto disponible cuando uno quiere comprarlo?

Al parecer sí: el costo logístico. La teoría es que si uno mantiene el costo logístico bajo, tendrá más rentabilidad y podrá mantener buenos precios. De lo contrario, los precios deberían subir y, a continuación, las ventas caerían.

El costo logístico se compone de costo de almacenamiento, de costo de transporte e incluso algunos incluyen costos de *picking*[45] y movimientos. Para reducirlo, se calculan lotes económicos: de compra, de transporte, de *picking*, etc.

Cada vez que se hace un lote, el tiempo de reposición crece.

Cuando el tiempo de reposición crece, crece también el inventario (o amortiguador) necesario.

Hay algo que debemos tener en cuenta respecto del inventario: siempre tiene errores. O es demasiado poco, y se agota, o es demasiado alto, y no rota.

De estos dos errores, el peor es demasiado alto. ¿Se sorprendió? La intuición puede decir que es peor un agotado porque se pierde venta. Pero cuando el inventario no rota, que es lo mismo que decir que era demasiado alto, ocurren varias cosas más que reducen la rentabilidad:

- Ocupa espacio e impide reponer lo que sí rota.
- También inmoviliza capital, y a veces esto impide reponer productos que sí se venden.
- Para liquidarlo hay que dar descuentos, lo que de por sí reduce la rentabilidad.
- Pero además, los descuentos desvían dinero que se podría haberse gastado en productos de mayor margen (canibaliza rentabilidad).

---

45. *Picking* es la operación de recolectar los distintos productos para un embarque desde las posiciones donde están almacenados.

- Y para liquidar es necesario darle buen espacio de exhibición y atención, nuevamente a costa de los productos con mejor margen.

> El error fundamental, de no reconocer la naturaleza sistémica de la cadena de suministro, conduce a exceso de inventario, que reduce el flujo de productos y de efectivo, y reduce la rentabilidad de la cadena completa.

PLANIFICACIÓN Y CONTROL DE LA CADENA DE SUMINISTRO

En cada punto de almacenamiento debe determinarse un amortiguador de inventario para cada producto. Ya sabemos que este amortiguador depende principalmente del tiempo de reposición.

Excepto en el almacén de la planta, que debe esperar tiempo de producción, o en el caso de un almacén abastecido por importación, que debe esperar el viaje desde un lugar remoto, los puntos de almacenamiento tienen un tiempo de transporte muy pequeño, de un día a máximo una semana.

Como el tiempo de reposición en este caso es tiempo de transporte más tiempo entre las órdenes, nada impide reponer a diario, reduciendo este tiempo a pocos días.

Reponiendo a diario solo lo que se consume, el inventario será mucho menor y al mismo tiempo tendrá una disponibilidad sobre 98%. Y además los agotados se resolverán muy rápidamente.

Y usamos el mismo sistema de ajuste que se describió más arriba, usando los colores, para incrementar o reducir amortiguadores en cada nodo de la cadena.

EFECTOS DE REDUCIR LOTES EN EL COSTO

¿Y reducir los lotes no incrementa los costos logísticos? Veamos.

El costo de transporte se incrementaría si incrementamos la cantidad de viajes. Cada vez que pregunto a las empresas de *retail*, me dicen que va un camión todos los días a las tiendas. A veces más. Esto significa que hoy ya se incurre en el costo de viaje todos los días, por lo que modificar la composición de la carga no hará ninguna diferencia en el costo de transporte de la empresa.

En cuanto a costo de almacenamiento, al reducir los lotes también se reducen los amortiguadores, por lo que se reduce este costo.

Y el costo de operación de los almacenes, considerando *picking*, despacho, etc., es normalmente fijo.

En resumen, mi experiencia es que el costo logístico real no crece. Pero, ¿y si creciera? ¿Se justificaría reducir los lotes?

Para responder esa pregunta es necesario estimar el impacto en las ventas primero. La hipótesis es que antes de reducir lotes y reponer el consumo, junto con el ajuste dinámico de amortiguadores, existen agotados junto con excesos de inventario. Y tanto agotados como exceso se reducen al cambiar a este modo de operación.

¿Qué impacto tiene reducir los agotados? Habitualmente lo que se agota es lo que uno subestimó en sus cálculos, por lo que es bastante probable que si se reduce 1% de agotados, las ventas crezcan 3% o más.

Siendo que el nivel de agotados en las tiendas supera el 10% y a veces más del 30%, el impacto de incremento de ventas es bastante grande.

Hagamos un cálculo muy conservador para entender lo que estoy diciendo. Suponga ventas por 100, con un margen bruto de 30 y una utilidad total de 10. Esto nos dice que el costo total de operación es 20. Dentro de este costo está el costo logístico junto con muchos otros costos. Siendo exagerado, supongamos que el costo logístico representa el 10% del costo total (lo cual es muy exagerado). Es decir, el costo logístico de esta empresa es 2.

Después de aplicar los conceptos que he descrito, los agotados se reducen un 5%. Ya sabemos que las ventas crecen al menos 5%. En este caso, sería un incremento de 5, aportando 1,5 a la utilidad neta. Para que no se justifique, el costo logístico debe crecer 1,5 también, lo que sería un incremento de 1,5/2 = 75%, o sea casi al doble. Esto está muy lejos de ser probable, porque para eso tendría que incrementar el personal y los viajes en esa proporción.

La experiencia muestra que los incrementos de ventas son mucho mayores que 5% y que los costos no se incrementan, más bien se reducen al reducir los inventarios (menos capital, menos espacio necesario, menos descuentos y menos mermas).

RESUMEN

La explicación de cómo controlar el WIP, en este caso es el inventario en cada nodo, y de cómo controlar el sistema con los colores, es sencilla. Sin embargo, hay cadenas de suministro que requieren afinar la aplicación para resolver situaciones que no he abordado aquí.

Cada uno de los casos especiales da para mucha extensión y no quiero desenfocarme. Voy a nombrar algunos nada más para guiarle a buscar en otras fuentes si es que aplica a su caso.

Uno de esos casos que no está descrito en detalle aquí es cuando el producto es de baja rotación y el amortiguador adecuado es 1. En realidad puede ser que un cálculo dé 0,1 unidades, lo que es imposible de mantener. Entonces tendremos 1, y cuando se consume, queda un agotado hasta que se repone. Si usamos el 0,1 de este ejemplo, vea que en realidad estamos diciendo que la probabilidad de venta dentro del tiempo de reposición es 10%.

Cuando se agota, ¿cuál es la probabilidad de consumir una segunda unidad de este mismo producto antes de la reposición? Es 10% × 10% = 1%. Es decir, una unidad da una disponibilidad de un 99%. Hay todo un desarrollo posterior para decidir cuándo descontinuar los productos de baja rotación.

Esto lleva a la segunda consideración en el manejo de la variedad. No queremos que crezca mucho, para no llenarnos de inventario y, peor, confundir a los clientes. Ya hay desarrollados métodos de control de WIP también en términos de la variedad.

Y por último, un aspecto muy importante, cómo manejar cada punto de venta para mejorar la experiencia de compra. Aquí también hay métodos desarrollados para controlar el WIP y acelerar el flujo.

Operaciones de soporte

Todas las operaciones que una empresa debe sostener para apoyar el flujo de productos o servicios, pero que no generan directamente el producto o el servicio, son operaciones de soporte.

Ejemplos de estas operaciones son todo el papeleo de compras, ventas, facturación y cobros. O el control de calidad, que no produce, y a veces destruye unidades de producto. O el mantenimiento.

Lo primero que podemos decir de estas operaciones de soporte es que no queremos que sean limitaciones al flujo en ninguna circunstancia.

Una vez conversé de este tema con un amigo, que en ese momento era gerente de finanzas en una empresa grande de Chile. Y cuando le dije que las operaciones de soporte debían siempre tener exceso de capacidad, cambió un poco la cara y me contó la siguiente historia.

En su empresa tienen medido el nivel de dinero por cobrar en cantidad de "días calle". Los responsables de recuperar dinero están en un departamento de cobros, con dedicación exclusiva. Un día él pasó frente a la sala donde se podían sentar los cobradores a llamar por teléfono y planificar sus salidas, y vio a cuatro cobradores sentados, donde tres de ellos estaban visiblemente relajados en ese momento.

Al ver a estas personas desocupadas en ese momento, él llamó al jefe de cobros para que "racionalizaran" el departamento, es decir, despidieron a uno (o dos, no me acuerdo). No pasó una semana y el número de días calle subió un 20%, con un impacto significativo en el flujo de caja.

Mi amigo terminó contándome cómo tuvo que volver a contratar para resolverlo, con el consiguiente gasto adicional del despido anterior y el entrenamiento del nuevo.

EL PROBLEMA

Como ya dije, lo primero que debemos asegurar es capacidad protectiva. Esto inmediatamente nos dice que todo el trabajo que hay que hacer debe hacerse, y sobrar tiempo. Por lo que no tiene mucho sentido programar fechas de entrega o plazos.

Pero por otro lado, todo lo que he dicho acerca del exceso de WIP y la mala multitarea también es cierto en este caso.

¿Cuál será el mayor obstáculo a la productividad de las personas que trabajan en operaciones de soporte? La historia que recién referí es una muestra clara de este obstáculo: el temor a ser despedido si uno parece desocupado.

Esto no es propio de los chilenos. En una empresa de Colombia tenían el mismo problema con el servicio técnico. En esta empresa vendían equipos de codificación, como impresoras Zebra o esas que se ponen en líneas de alta producción para marcar lotes y fechas de expiración. Todos estos equipos requieren servicio cada cierto tiempo, y reparaciones. El servicio técnico es una operación de soporte de posventa, y los clientes esperan que sea ágil resolviendo sus problemas.

Cada día aparecía una cantidad de órdenes de servicio que debían ser atendidas. No se podía prever cuántas llegarían al día siguiente, por lo que las que estaban pendientes venían a ser la carga de trabajo visible de todo el departamento.

Ahora imagine que usted es uno de los técnicos. ¿Se apurará por terminar todas las órdenes lo antes posible? ¿Qué pasaría si la empresa ve que "sobran" técnicos? El comportamiento observado era el que uno espera de personas inteligentes con experiencia. Se aseguraban de siempre tener una cola de órdenes, para que todos estuvieran ocupados.

> El error fundamental, de no reconocer la naturaleza sistémica de la empresa, lleva a las personas a atrasar el trabajo, para mostrarse ocupados.

PROGRAMACIÓN Y CONTROL

Nuevamente vemos que lo que el sistema quiere es máximo flujo. Por lo que la propuesta fue diseñemos un sistema que logre dos cosas: evitar la mala multitarea y hacer visible la capacidad protectiva necesaria.

Lo primero se logra dándole al jefe del departamento todas las órdenes para que las priorice. La secuencia puede cambiar a cada momento si uno quiere, pero no las entrega antes de que haya capacidad para hacerlas.

A cada recurso (puede ser un técnico o un equipo de técnicos) se le entrega entre una y tres órdenes. Nunca más de tres. Una es el ideal, pero hay tareas que tienen tiempos muertos, como la instalación de un *software,* que puede demorar veinte minutos y uno debe esperar a que termine. En ese caso, con dos o tres órdenes, aprovecharemos bien la capacidad. Si tiene tres y debe esperar algo, podrá tomar acciones para acelerar alguna de las tres para terminar lo antes posible.

Cuando se termina una, se le entrega otra. Cuando ya no quedan órdenes pendientes y hay recursos que tienen capacidad sin usar, es el momento de contabilizar la capacidad protectiva.

Lo segundo es lograr hacer visible la capacidad protectiva, porque si no hay, debemos construirla. Pero antes de contratar a nadie más, revelemos la capacidad que tenemos actualmente.

¿Cómo persuadimos a alguien que muestre que le sobra capacidad, cuando eso le ha costado el trabajo a alguien en el pasado?

En el caso de la empresa colombiana hicimos dos cosas:

- La empresa hizo una declaración solemne a todos los empleados de que no habría despidos para reducir costos nunca más en el futuro.[46]

- Al departamento de servicio técnico se le ofrece un bono proporcional a las ventas que se hace efectivo solo cuando pueden demostrar un mínimo preestablecido de capacidad protectiva.

El bono debe ser proporcional a las ventas para que los beneficiarios no tengan un incentivo a más contrataciones que diluyan su bono. Pero al mismo tiempo, querrán ganárselo, por lo que no solo trabajan lo más rápido posible y sin errores, sino que además existe gran colaboración entre ellos para ayudarse y para enseñarse mutuamente.

El resultado fue que se acabaron los atrasos dentro de la primera semana. Y después de varios meses, las ventas crecieron al doble, haciendo crecer al doble las órdenes de servicio, y el departamento no necesitó más técnicos.

En cada caso particular pueden necesitarse métodos de asignación y colores para determinar las secuencias correctas, pero los principios son los mismos: controlar el WIP, no buscar óptimos locales y ejecutar en la secuencia correcta.

RESUMEN

Una de las promesas de TOC es que debe ser simple. En todas las soluciones que he presentado para administrar operaciones de distin-

---

46. Más adelante mostraré la profundidad que tiene esta acción para resolver problemas crónicos de las economías en los países.

tos tipos, la simplicidad ha consistido en aplicar cuatro principios.

Las aplicaciones pueden ser más o menos difíciles de implementar o de diseñar, pero son simples. Y todos los sistemas que abordé son muy complejos. Esto demuestra que es posible construir soluciones simples para sistemas complejos.

En este capítulo vimos cómo administrar el sistema interno, aunque fue inevitable hacer referencias a partes externas, como clientes o proveedores. Veremos en el siguiente capítulo cómo administrar la relación con los clientes para lograr la sincronización del sistema más amplio, donde el mercado es una parte más.

Enfoque sistémico incluyendo el mercado

EN EL CAPÍTULO anterior me enfoqué en las operaciones internas y cómo sincronizarlas para lograr la máxima productividad. Fue inevitable hacer referencia a algunas necesidades frecuentes en el mercado, como el cumplimiento de plazos o la disponibilidad de productos. En este capítulo quiero profundizar en cómo integrar al mercado en nuestro sistema, cómo lograr que se sincronice la empresa con los clientes para que todos ganen.

Océanos azules

La primera idea que quiero proponer y desarrollar está basada en el cuarto principio de TOC. Este principio dice "nunca digas ya sé", y esto significa que toda situación siempre puede ser sustancialmente mejor.

Es cierto que el refrán dice "Lo mejor es enemigo de lo bueno", y en TOC lo aplicamos frecuentemente al aconsejar no seguir "optimizando" una solución cuando ya está suficientemente buena.

El principio se refiere más bien a un cambio radical, que genera un nivel de desempeño que podríamos considerar imposible si no lo estuviéramos viendo.

En mayo de 2000 tuve la oportunidad de hacerme cargo de la producción de una fábrica. Si hubiera entrado alguien a decirme que sabía cómo incrementar 30% la productividad, le hubiera creído pero yo también me creía capaz de lograrlo. Si me hubiera dicho que podía mostrarme cómo duplicar la productividad, no le hubiera creído; ¿no es cierto que suena algo insultante?

Yo me había leído todos los libros de Goldratt que había podido conseguir pero no sabía muy bien cómo aplicar los conceptos. Más bien no sabía nada de cómo hacerlo. Mirando hacia atrás entiendo por qué; esos libros describen métodos y técnicas, y sin detalles específicos. Me faltaba entender esto que estoy transmitiendo aquí. La idea fundamental es sincronizar las partes del sistema para que todo fluya.

El hecho es que quedé a cargo de la producción y teníamos una máquina de control numérico de alta productividad, a la que siempre le agrupaban grandes lotes para que los procesara muy rápido. Mi primera acción fue intuitiva: esa máquina debía trabajar para sincronizar la producción más que para demostrar su gran capacidad. La orden fue procesar componentes para completar piezas y no muchos componentes iguales para acelerar la producción de esa máquina.

La primera reacción fue de resistencia. Me dijeron que la eficiencia se iba a reducir mucho por la cantidad de cambios que se requerían en esa máquina para lograr lo que yo quería; ¡se multiplicarían por más de diez los cambios! Claro, haremos las piezas que necesitamos, pero ¡a qué costo! Todas estas eran las razones para no hacerlo. Como yo era el gerente, pedí colaboración unas semanas. Y los cambios sí se multiplicaron por más de diez.

En la primera semana de junio, un mes desde esta decisión, entró a mi oficina el jefe de fábrica y me preguntó si ya había visto la productividad del mes. Honestamente, yo había tenido un mes tan difícil con los clientes, porque también era gerente de ventas, que no había visto nada. No me creyó, pensó que lo decía para molestarlo. Ahí me dijo que se había duplicado, que era el record histórico de la planta. Y agregó: "Dígame qué más debo hacer para ponerlo en práctica inmediatamente". En ese momento no tenía más ideas en la cabeza y le pedí seguir con esa misma acción. En la primera semana de julio pudimos ver otro 50% de incremento, es decir, la productividad se triplicó desde mayo.

Ese día decidí que estudiaría a fondo TOC, y que a esto me dedicaría. Casi veinte años después estoy escribiendo este libro para que muchos lectores puedan absorber estos conceptos mucho más rápido de lo que yo lo hice.

Una promesa de duplicar la productividad la habría considerado hasta insultante. Una de triplicar no la habría ni siquiera considerado. Hoy sé que estábamos solo al principio.

En 2005 apareció un libro bastante interesante que habla de esto mismo, llamado *Estrategia de Océano Azul*[47] y cuyo subtítulo dice "Cómo crear espacio de mercado sin oposición y hacer a la competencia irrelevante".

El término océano azul viene de la metáfora que usan para describir los mercados donde la competencia se hace daño, al punto de que son como océanos rojos por la sangre que se derrama en esa competencia, mientras que en un océano azul se puede operar pacíficamente.

En el libro se describen varias ideas que crearon tales situaciones, como el Circo del Sol, que redefinió el espectáculo circense. Y muestran también que todas esas ideas revolucionarias habían sido intentadas antes sin éxito, y que después de varios pioneros, llegaron los que tuvieron éxito.

No suena muy atractivo ese camino, donde uno trabaja y fracasa para que otros se beneficien. Pero la realidad es que el estancamiento tampoco es un buen camino. Algo hay que hacer para seguir progresando.

A propósito, no hay una gran novedad en todo esto, ¿cierto? En cualquier curso básico de *marketing* uno aprende que la clave es la diferenciación. Ese es el objetivo. El cómo hacerlo no es tan claro en esos cursos. Y estos profesores, autores del libro, al menos proponen una dirección.

¿En qué se basan las estrategias de océano azul? Goldratt lo describió con otras palabras (menos poéticas) al hablar de la creación de una *ventaja competitiva decisiva*.

> En TOC, una ventaja competitiva decisiva se obtiene al satisfacer una necesidad significativa de suficientes clientes, de un modo que nadie ha logrado hasta ese momento, y que es muy difícil de imitar, y que acarrea bajo riesgo.

Son varias condiciones exigentes que deben ocurrir al mismo tiempo. Lo que yo propongo aquí como idea es que siempre es posible lograrlo, porque finalmente todo se reduce a conocimiento.

---

47. *Blue Ocean Strategy,* W. Chan Kim, Renée Mauborgne, 2005.

Más conocimiento lleva a mejores soluciones, también a entender por qué son mejores decisiones y a comunicarlas de un modo simple.

Ya había mencionado que el conocimiento es ilimitado, por lo que no hay razón alguna para que la competencia se dé en ganarse mercados en un juego de suma cero; donde lo que uno gana, lo pierde otro.

Si aceptamos el hecho de que siempre es posible mejorar todo sustancialmente, aceptaremos que siempre es posible crear un océano azul.

¿Y las fuentes de diferenciación típicas, no nos crean estas ventajas?

Hay una fuente de ventaja que quiero descartar en este momento. Ser "líder en costo", que significa tener el menor precio. Esta diferenciación se basa en la creencia de que los compradores siempre prefieren un precio más bajo.

Se sabe por experiencia propia que eso no es cierto. Basta con mirar el ordenador que usamos, nuestro vehículo o teléfono móvil... Probablemente no eran los más baratos del mercado.

Y aun así, siempre hay una presión sobre el precio. Mi explicación es que ninguno de los competidores está haciendo una diferencia que sea significativa.

Una necesidad significativa es una limitación que tienen los clientes en su propio sistema. Mientras no entendamos la naturaleza sistémica de la relación con los clientes, no entenderemos cómo generar estas ventajas competitivas decisivas de las que habla Goldratt.

> El error fundamental de no reconocer la naturaleza sistémica de la relación con los clientes, impide a la mayoría de las empresas generar océanos azules.

Necesidades significativas
no satisfechas

Para construir una de estas ventajas de océano azul, la clave está en encontrar necesidades significativas no satisfechas, y ser capaces de satisfacerlas, y que esto no signifique un riesgo inaceptable para la empresa.

Ya mencioné que siempre una necesidad se manifiesta en una limitación de los clientes. Si los clientes son negocios, es una limitación que impide hacer mejor su negocio. Si los clientes son consumidores, las limitaciones se manifiestan en no poder hacer algo o en gastar demasiado tiempo para hacerlo.

Veamos ejemplos de limitaciones conocidas.

La mayoría de las empresas necesitan comprar a pedido alguna cosa, en general son insumos o materias primas. Cuando el plazo de entrega no se cumple, puede detenerse hasta el proceso productivo. En general, y sabiendo que esto puede ocurrir, los clientes se ven obligados a tomar precauciones caras en tiempo y dinero para protegerse del incumplimiento de plazos. Esto limita su capacidad para hacer un mejor negocio a su vez. De pronto encontramos un proveedor que es capaz de garantizar la entrega a tiempo. Es claro que esto elimina una limitación relevante para nuestro negocio.

Otro ejemplo. Estamos en 1854 y somos arquitectos. Nos interesa pensar en mejores maneras de utilizar el suelo urbano en ciudades que están densificándose. Y se nos ocurre ir a la Exposición del Palacio de Cristal en Nueva York, donde nos encontramos que un señor de nombre Elisha Graves Otis ha instalado un artefacto que permite a personas subir y bajar varios pisos con bastante seguridad, sin usar escaleras. Es claro que ese invento elimina una limitación y nos permite proyectar edificios de mayores alturas de las que es razonable construir solo con escaleras.

En el primer ejemplo, la solución que ofrece el proveedor no innova en producto ni reduce el precio. Lo que hace es aplicar el conocimiento que expuse en el capítulo anterior y logra evitar esa limitación.

En el segundo ejemplo, la solución es conocimiento técnico que resuelve limitaciones físicas.

Ambos ejemplos tienen en común que aplican conocimiento para eliminar limitaciones.

MÉTODO GENÉRICO PARA ENCONTRAR NECESIDADES SIGNIFICATIVAS

En este capítulo quiero mostrar el método de TOC para investigar las necesidades no satisfechas que podrían ser fuente de ventajas.

Me apoyaré en el primer principio de TOC, que dice que todo sistema complejo encierra una simplicidad inherente. Esto significa que los sistemas se componen de partes interdependientes y que cuanto más complejos sean, menor libertad tiene una parte para moverse sin impactar a otra parte. Por lo que creemos (por el principio) que siempre podemos encontrar ese aspecto conectado a todo el sistema, directa o indirectamente, que lo controla.

Es como esas construcciones de dominó que se pueden desarmar con un solo movimiento, sabiendo cuál es la pieza que desencadena la reacción de causa y efecto sucesiva que va tumbando las fichas.

Cuando estudiamos un sistema y nos enfocamos en encontrar las manifestaciones de un funcionamiento poco satisfactorio, podremos recolectar una lista de hechos, que llamaremos efectos indeseables, que sabemos por el primer principio, que están todos conectados por causa y efecto a una causa raíz.

Al encontrar la causa raíz, habremos encontrado una necesidad significativa, porque al eliminar, o al menos mitigar, esa causa, hemos generado un gran beneficio en el sistema. Esto ocurre porque la causa raíz es causa directa o indirecta de varios efectos negativos. Al eliminar la causa, también se eliminan los efectos.

Las herramientas específicas de TOC para hacer esta investigación son, principalmente, los Procesos de Pensamiento, es decir, la evaporación de nubes y las ramas lógicas. Existen cursos y libros disponibles para aprender a usar estas herramientas, por lo que no haré aquí una exposición de cómo se usan. Sí diré que no solo sirven para este tipo de estudios, sino también para pensar acerca de cualquier tema que nos interese.

¿CÓMO SE ATACA LA CAUSA Y SE GENERA UNA OFERTA?

Este método nos a llevar a descubrir contradicciones que impiden la causa. Lo impiden, ya sea porque las acciones necesarias generan otro grupo de efectos más indeseables, o porque no existe el conocimiento para evitar la contradicción.

Por ejemplo, un gran problema que observamos en el comercio en general es que uno no encuentra siempre el producto que busca en su tienda habitual, aunque haya abundancia en otras tiendas. Una acción que podría resolverlo es tener más inventarios pero, como ya vimos, el exceso de inventarios genera más efectos indeseables de los que estamos resolviendo. Mientras no se aplique el conocimiento que ya expuse en el capítulo anterior, la situación de equilibrio será tolerar agotados.

A propósito, no es sorpresa que este sea un problema tan extendido aunque usted haya leído la solución en este libro. Ya hay varias empresas que la están aplicando con mucho éxito, pero aún son pocas. La dificultad ya la dije: es un cambio cultural.

Otro ejemplo es que todavía estamos usando tecnologías muy caras y contaminantes para el transporte. En este caso, el conocimiento para eliminar la limitación está en desarrollo, y cuando esté maduro, será un gran avance.

En cualquier caso, el segundo principio de TOC dice que siempre es posible eliminar la contradicción. Que no podamos hacerlo, solo revela que no tenemos el conocimiento para hacerlo… todavía.

En los ejemplos que di, el segundo era falta de conocimiento técnico para lograr económicamente algo que nadie discute: es mejor usar energía menos contaminante.

Pero en el primer ejemplo, la falta de conocimiento de la mayoría de las empresas que venden al detalle (*retail*) tiene su origen en que desconocen la naturaleza sistémica de las cadenas de suministro y siguen viendo la contradicción aparente con las técnicas para reducir los costos que han dominado esa industria.

Tengo una excelente noticia:

> Existen todavía muchas oportunidades para generar océanos azules al reconocer la naturaleza sistémica de las empresas.

A continuación daré varios ejemplos de cómo se pueden construir este tipo de ventajas sin ni siquiera tener que innovar en producto o tecnología todavía. Después hablaré de las innovaciones que requieren conocimiento de ciencias como física o química, por nombrar algunas.

Aplicaciones inmediatas del pensamiento sistémico

Los siguientes son ejemplos de ventajas competitivas decisivas que puede desarrollar cualquier empresa del mundo si adopta el pensamiento sistémico para administrarse.

Siempre una ventaja tiene una vida útil. Los que se duermen en los laureles, sufren las consecuencias del estancamiento. Estas son ventajas hoy, pero en algunos años más, el que lea este libro dirá "eso no es una ventaja, es el estándar", y así debe ser. Cada una de estas es un primer piso del edificio, para seguir construyendo.

No todas las ventajas descritas aplican a todas las industrias, y tampoco es una lista exhaustiva. Cada empresa debe ver si las condiciones aplican o no a su caso particular o se puede pensar en algo a partir de las ideas planteadas.

Es relevante el hecho de que las ventajas que se describen a continuación se basan en necesidades permanentes. Esto significa que todos los cambios que se realicen para desarrollar dicha ventaja deberían ser procedimientos estables para el futuro. El constante cambio hacia la mejora no significa destruir lo construido, más bien significa construir lo nuevo sobre las bases sólidas que van proporcionando estas ventajas.

CONFIABILIDAD EN LA ENTREGA

Ya he hablado de esto antes, porque es un problema generalizado y crónico. Y parece increíble que después de tantos años de revolución industrial, todavía sea un problema.

Describamos primero la necesidad.

> Cuando el cumplimiento de los plazos prometidos es notoriamente malo y este incumplimiento tiene severas y negativas consecuencias para los clientes, la confiabilidad en la entrega es una necesidad significativa de los clientes.

Vemos aquí la definición del mercado objetivo donde una oferta de confiabilidad será muy valiosa.

¿Qué significa notoriamente malo? Más arriba ya hice la reflexión. Pero profundicemos un poco.

Si usted, estimado lector, tiene una probabilidad de que le ocurra algo muy negativo, tomará todas las precauciones para evitar esos efectos. Si no ocurre, mejor, pero uno igual se prepara con algún seguro, o alternativas, lo que llamamos "plan B".

Estos planes B tienen costo, por lo que uno quisiera evitarlos, pero es mejor eso que sufrir las consecuencias del evento. ¿Se prepararía distinto si la probabilidad de ocurrencia fuera 20% que si fuera 70%?

Es ridículo pensar que uno se prepararía solo en las ocasiones que ocurriera. Si tuviera esos poderes de adivinación, no estaría leyendo este libro.

El problema es precisamente que no se sabe. Por lo que hay un umbral donde uno está dispuesto a tolerar el problema por debajo de cierto porcentaje de casos. Por ejemplo, yo prefiero una línea aérea sobre otra por su puntualidad. Mientras mi preferida se atrase muy pocas veces, sigo prefiriéndola.

La conclusión es que la confiabilidad tiene un umbral de tolerancia, que gatilla el plan B cuando se supera. Depende de la industria y del daño, la confiabilidad aceptable en la entrega prometida empieza en 95%, y de ahí hasta 98-99%. Pero menos que esto genera la necesidad de plan B. Y los clientes que no lo han previsto, sufren mucho cuando ocurre el atraso.

Esto significa que una entrega a tiempo de 85% es igual de mala que 50%. Esos gerentes de los que le conté en el capítulo anterior no entendían esto, a pesar de que, siendo fabricantes, ellos también sufren de lo mismo en su relación con los proveedores.

Hay otro elemento que hace más exigente el requerimiento de confiabilidad. Cuando uno hace una compra de varios productos, el fabricante mide la confiabilidad de entrega por ítem, pero el pedido necesita todos los ítems para estar entregado. Cuantos más ítems tenga un pedido, menor es la probabilidad de que se entregue a tiempo. Si la confiabilidad promedio es 90% y el pedido típico es de cinco ítems, la probabilidad por pedido es 0,95 = 59%. Esto es lo que llaman OTIF[48].

En la confiabilidad uno puede distinguir el caso de compras frecuentes, compras esporádicas y proyectos.

Las frecuentes son típicamente compras de insumos o materias primas especiales, o partes con diseño especial para ser usadas en la propia producción.

Compras esporádicas son habitualmente la adquisición de un equipo a pedido o cualquier pieza especial que no se requiere con regularidad.

Y en proyectos tenemos toda la gama de posibles proyectos: una casa, la ingeniería para una instalación industrial, un paquete de *software* a la medida, y muchos otros ejemplos similares, donde la interacción entre proveedor y cliente es frecuente a lo largo del desarrollo del proyecto.

En las distintas situaciones, distintas ofertas serán diferenciadoras.

---

48. OTIF: *On Time In Full*, a tiempo y completo.

Pero todas tienen en común que uno promete cumplir un plazo y ofrece una garantía para respaldar la promesa.

Hasta hoy, y después de varios años, no se me ha ocurrido otra manera de garantizar la promesa que ofreciendo una multa por incumplimiento. Si a usted se le ocurre una manera mejor, con gusto compensaré este conocimiento con una botella de su preferencia.

> La multa por incumplimiento se ofrece en una cantidad por cada periodo de atraso que tenga sentido. Es la mínima multa que uno no ofrecería si no tuviera una alta probabilidad de cumplir el plazo.

Por ejemplo, en la fabricación de etiquetas, los plazos habituales son 10 días. Un atraso de un día es bastante notorio, por lo que 10% por cada día es adecuado. En el caso de cables de acero, donde los plazos son 45 a 60 días, un 3% por día de atraso ya es agresivo.

En el caso de proyectos de varios meses, las multas pueden ser del 2 al 10% por cada semana de atraso, pero en este caso la oferta puede incluir bonos por adelantos por semana. De este modo se puede ofertar un precio mínimo por un plazo competitivo, ofrecer la multa garantizando el plazo, pero pidiendo un premio por semana de adelanto.

El caso de los proyectos es especial porque un proyecto siempre tiene un retorno esperado que respalda el esfuerzo financiero y de tiempo. Y la relación del contratista con el cliente ocurre en la etapa de inversión, donde el foco está en el costo. Pero cada día de adelanto puede adelantar el retorno de la inversión, por lo que es adecuada la oferta que describí en el párrafo anterior. Se oferta el mínimo costo para un plazo, se garantiza ese plazo y se obtiene una participación del retorno anticipado en caso de adelantarse.

Como ya dije, el monto de la multa debe ser el mínimo que uno no ofrecería si tuviera dudas de entregar a tiempo. Esto es realmente diferenciador. Si los competidores no tienen ese control que les permite entregar a tiempo con alta seguridad, entonces no igualarán la oferta. Es el mismo momento donde declaran implícitamente que no están seguros del plazo que están prometiendo.

¿Cómo logramos que los clientes entiendan lo valioso de nuestra oferta? ¡Ja! Esa pregunta me la han hecho cientos de veces. Veremos cómo comunicarnos con el mercado más adelante en este capítulo, pero este elemento es fundamental; si no se comunica bien, no persuadirá y se perderá todo el valor generado. Es lo que llamamos capitalizar sobre la ventaja.

¿Y cómo podemos estar seguros de entregar en los plazos prometidos? Mire de nuevo el capítulo anterior y encontrará la respuesta. La clave es tener control de la operación, y este control se obtiene controlando el WIP y gobernando las prioridades con un sistema simple.

Yo lo repito, es simple. Pero está lejos de ser fácil, si no ya todos serían muy confiables, y no lo son.

La dificultad está en que la mayoría de las empresas todavía no reconocen la naturaleza sistémica de sus organizaciones, y están atrapados en creencias equivocadas pero muy populares (eficiencias de recursos, costos unitarios, etc.). Y esas creencias llevan a lo contrario de controlar el WIP. Y ya vimos que un WIP sin control hace fluctuar la capacidad efectiva, lo que a su vez hace imposible anticipar la fecha de terminación de una orden. Y es por esto que esta ventaja es muy difícil de imitar.

Y si uno promete la multa y no la paga casi nunca, es de muy bajo riesgo para uno, con lo que se está cumpliendo el último requisito para llamarla ventaja competitiva decisiva, como las llamaba el Dr. Goldratt.

INCREMENTO DE LA ROTACIÓN

Este tema también ha sido tocado cuando expliqué la producción para disponibilidad. Vayamos más a fondo a entender a los clientes.

> Cuando nuestros clientes tienen la mayoría de su efectivo
> atrapado en inventario y la disponibilidad es todavía
> un problema, mejorar la rotación de inventario es una
> necesidad significativa de los clientes.

Esto define al mercado objetivo para la oferta. No son los consumidores que van a una tienda, ellos valoran disponibilidad, como veremos en la siguiente ventaja. En este caso son empresas que llamaremos distribuidores.

En este contexto son distribuidores los mayoristas, también los *retailers*, y cualquiera que compre inventario para venderlo ganando un margen. Cuando diga distribuidor, será en este sentido amplio.

Un distribuidor tiene un negocio porque el fabricante no llega a todos los consumidores. Por supuesto que hay casos de integración vertical, donde el fabricante tiene tiendas. He atendido a algunos. Pero vamos a considerar el caso general donde el distribuidor es una empresa distinta al fabricante.

El fabricante es quien puede resolver la necesidad significativa con una oferta, pero antes de explicar la oferta, entendamos mejor al cliente.

Un distribuidor tiene un capital que invierte en almacenes, vehículos de transporte e inventario. La mayoría del capital está en inventario, al menos el efectivo que queda como capital de trabajo.

La limitación que este distribuidor tiene es capital, y algunos también espacio. Si puede sacar un poco más de rentabilidad al capital atrapado en inventario, mejora inmediatamente la rentabilidad de su negocio.

¿Y en qué consiste el negocio? Compra inventario y lo vende más caro. La diferencia es el margen. Pero esto no es todo, la velocidad a la que esto ocurre también es importante en la rentabilidad.

Si sumamos todo el margen generado, no es igual que lo obtenga una vez por semana que si lo obtiene una vez por mes. En otras palabras, si el inventario rota más rápido, el margen generado por semana crece.

Veamos todas las posibilidades para incrementar el margen generado. Una es teniendo más variedad de productos, porque así cuenta con más canales distintos que generan ganancia. Pero está limitado por el capital, por lo que no puede expandir el rango de productos si no dispone del capital para invertir en ese inventario adicional.

Otra alternativa es apurar la venta para que rote más rápido. Esto lo hacen muchos distribuidores cuando el inventario está por vencer o pasar de moda; se llama liquidación. Los descuentos aceleran la venta de unidades, pero el margen generado no crece, muchas veces es menor que el generado a velocidad normal. Pero el tiempo también lo restringe y debe acelerar la venta del inventario que no rotó como se había esperado.

La última alternativa es lograr reducir el inventario de cada producto sin que sufra la disponibilidad.

Aquí es donde los fabricantes demuestran poca empatía con sus clientes. Los descuentos por volumen y los mínimos de compra logran exactamente lo contrario a lo que queremos.

Veamos el tema de los descuentos. Si un distribuidor acepta un descuento de 5% por comprar un volumen que equivale a cuatro veces lo que requiere antes de la próxima reposición, en el conjunto total del negocio parece que su rentabilidad creció 5% en esa línea, pero el mayor volumen le impidió reponer agotados o ampliar el rango.

Por ejemplo, compra un producto que cuesta 100 y lo vende en 140. Su margen a la semana sería 40. Si acepta el descuento, su margen sería 45, pero si la restricción de capital y espacio le impidió vender otros productos, al hacer las cuentas, esos 5 adicionales son mucho menores que lo que dejó de ganar.

Incrementar su rotación es definitivamente la clave para incrementar su rentabilidad; es una necesidad muy significativa.

> La oferta más atractiva para la mayoría de los distribuidores de la actualidad es una que incremente en más de dos veces su rotación.

Imagine que usted es fabricante. Lo normal para la mayoría de los productos (excepto los de alta rotación como bebidas gaseosas, o de corta vida como el pan), es que le compren una vez al mes, o cada dos semanas. Me refiero al mismo producto. En un portafolio de 50 productos que el distribuidor está comprando, en cada compra incluirá 10 a 15. Hay varios que no repone porque todavía tiene inventario. Si la frecuencia de compra es semanal, al reponer solo un tercio del portafolio, el tiempo promedio entre reposiciones es tres semanas, y no una como parecía ser.

¿Qué pasaría si le ofrece usted a ese distribuidor que le empiece a comprar con más frecuencia solo lo que él vende? Digamos que ahora pasa a comprar cada dos días solo lo que vendió.

El efecto inmediato en el inventario que el distribuidor maneja de sus productos es que se reduce a menos de la mitad[49]. Y reponiendo con tanta frecuencia, los agotados se reducen a un mínimo. Lo más

---

49. De 21 días a dos días hay diez veces, pero el inventario no se reduce tanto porque ahora los máximos de dos días consecutivos se alejan porcentualmente del promedio mucho más que en el caso de agregar 21 días. Yo creo que puede bajar a un tercio o un cuarto, lo que es menos de la mitad, como muy conservadoramente dije en el texto.

probable es que las ventas del distribuidor crezcan mucho por eliminar agotados. Esta combinación garantiza un incremento de la rotación de esos productos a más del doble.

Estoy siendo muy conservador. Nuestros clientes han visto el efecto real y siempre ha sido mucho más del doble. No es raro ver rotaciones de 7 a 10 veces más.

En cuanto a las ventas que crecen por eliminar agotados, el efecto también es mayor al que uno cree. Aquí se aplica lo que Pareto decía, la mayor parte del efecto se debe solo a una pequeña porción de los elementos del sistema, el principio conocido como 80/20.

Hace unos años tuve la oportunidad de conversar con el vicepresidente de logística de un laboratorio farmacéutico en Bogotá. Es una empresa mediana-grande. Le empecé a preguntar si tenía agotados y me dijo, con una amplia sonrisa, que no. Sabiendo que era poco probable que aplicara el pensamiento sistémico, le aposté a una causa. Le dije que entonces debía tener mucho inventario, y lo confirmó. Me dijo que él había llegado hacía ocho meses y había iniciado una política de producción de cero agotados, y que en esos ocho meses las ventas crecieron más del 40%, sin descuentos.

Ahí le pregunté acerca del nivel de agotados iniciales, esperando un número cerca de 10%, y me confirmó que era de 5% al empezar. Esto confirmó en ese caso la predicción de Pareto. Estaba contento y satisfecho con su política.

Es natural lo que pasó porque los agotados se producen entre productos que se vendieron más de lo estimado, y estos son los que realmente rotaron más, independientemente de las estimaciones.

Lástima que yo no estaba ahí para felicitar errores, y tratando de ser delicado le hice la siguiente reflexión. En este año tuvieron un resultado extraordinario por el aumento de las ventas, que se logró al eliminar los agotados. Él asintió complacido. Y seguramente el próximo año los accionistas pedirán un resultado similar, pero si ya no hay agotados, ¿de dónde vendrán más ventas? Eso le cambió la cara. Le sugerí que les ofreciera a los clientes también eliminarles los agotados, lo que les aumentaría las ventas, incrementando las suyas propias. Pero como él creía que eso solo se lograba con mucho inventario, me confesó que ya lo había intentado sin éxito; ningún cliente aceptó incrementar los inventarios. ¡Menos mal!, ahí el problema hubiera sido mucho peor. Hasta aquí la anécdota, que tiene muchos más detalles y mis predicciones acerca de los castigos de inventarios se cumplieron poco tiempo después. Ya sabe lo que pasa: exceso de inventario, desperdicio de capacidad, que termina siempre manifestándose en baja rentabilidad.

La pregunta fue qué pasaría si le ofrecemos reponer solo lo que vende cada dos días (o todos los días o cada semana; dependiendo de la frecuencia actual, le ofrecemos mucho menor tiempo de reposición).

La reacción del cliente será de fijarse en el costo que esto tiene. Primero, la mayor frecuencia de compra lo obligaría a tener que hacer todo el estudio de inventario y cantidades para cada producto con más frecuencia. Luego pensaría en que no tendría descuentos por volumen, y además habría más documentos de despachos y más facturas, y por último tener que recibir los despachos, que toman tanto tiempo en la recepción.

Supongo que ya se dio cuenta de que todas estas aprensiones tienen su origen en desconocer la naturaleza sistémica de su negocio.

Todos esos son obstáculos muy fáciles de resolver. Superada esa etapa, vienen los obstáculos que el fabricante tiene para cumplir esta promesa.

Para despachar con tanta frecuencia todo lo que los clientes van vendiendo, el fabricante requiere tener una disponibilidad casi perfecta. Es lo que en la industria se conoce como *fill rate*[50]. Aplicando lo que describí en el capítulo anterior, para producir logrando disponibilidad, ya tiene las capacidades logísticas que se requieren para cumplir esta promesa.

Como ve, hacer la promesa es fácil, pero es riesgosa si no tiene la capacidad de cumplirla, y para empresas que no reconocen la naturaleza sistémica de su organización, construir esta capacidad es casi imposible, por lo que esta ventaja es muy difícil de imitar. Y es de bajo riesgo porque de paso requiere menos inversión.

DISPONIBILIDAD

Esta necesidad la tenemos todos como consumidores. Ir a una tienda y no encontrar lo que necesitamos, decepciona mucho.

---

50. *Fill rate* es el porcentaje de cumplimiento del pedido completo. Nuevamente esto es más exigente que solo mirar la disponibilidad por cada producto.

Y no me refiero a no encontrar exactamente un modelo o un color. Este tipo de exactitud cubre una gran cantidad de decepciones, pero lo cierto es que hay otra gran cantidad de ocasiones donde uno va con una idea de lo que quiere, pero toma la decisión solo en la tienda, cuando encontramos algo que satisface nuestra idea.

Hablemos de la primera necesidad. Esa que es muy habitual al comprar cosas repetitivas: la marca de arroz, la salsa, el champú, el detergente, la tinta de la impresora, la medicina y muchas otras cosas que deben ser esa y no otra.

En este caso, la compra de un sustituto es casi tan decepcionante como no comprar nada. Y esto es una decepción oculta para el *retail*, porque considera que sí había, pero la verdad es que uno se sintió forzado a elegir lo que no quería, pero es mayor la molestia de ir a otras tiendas a buscarlo y debemos conformarnos con el sustituto.

En cualquier caso, los productos de consumo habitual requieren disponibilidad permanente, y los agotados tienen el efecto que ya describí.

Las decepciones continuas tienen el efecto de reducir el tráfico a la tienda, y es sabido que tráfico y ventas están muy relacionados.

> La manera de asegurar la disponibilidad es aplicando la reposición frecuente y el ajuste de amortiguadores.

Esto ya lo expliqué en el capítulo anterior, y vemos que se sincroniza perfectamente satisfacer la necesidad de disponibilidad del consumidor con la necesidad del distribuidor de incrementar rotación. En esto se manifiesta cómo la cadena de suministro es un sistema que incrementa su valor al incrementar la sincronización.

Hablemos de la segunda disponibilidad, esos productos que no son de compra habitual y que uno no va a buscar en específico. Por ejemplo, uno va a comprar un par de pantalones, y entra a ver qué hay. Es posible que termine comprando lo mismo que la última vez, pero las opciones están abiertas.

El manejo de este tipo de disponibilidad tiene algo más de elaboración, porque no es solo tener y reponer siempre lo mismo, sino que se requiere también ir refrescando la oferta. Y aquí nuevamente entra el principio de control de WIP. En este caso, es contraproducente tener una variedad demasiado amplia. La verdad es que uno se confunde mucho si va a comprar mostaza y encuentra cien tipos. Algunas personas prefieren no comprar nada antes que equivocarse. Pero si la oferta es manejable y uno puede aplicar algunos criterios, hará una selección que lo deje cómodo con la decisión de compra.

Este dilema de cuánta variedad ofrecer es permanente en todos los *retailers* que venden productos con corta vida, por moda u obsolescencia. Y la manera de manejarlo es comprando un inventario inicial pequeño y probar en las tiendas. A medida que se va vendiendo, la solución logística básica asegurará que no haya agotados. Los que rotan menos se retiran de la oferta; esto no genera agotado, porque nadie espera encontrarlo. Pero mientras está en la oferta, se repone como ya sabemos.

Un tema importante es la coherencia. Si uno introduce un modelo de zapatos en dos colores en una tienda, debe reponer siempre al menos un par de cada talla en cada color. No hay peor decepción que encontrar, después de bastante rato buscando, el modelo y color que queremos para que nos digan que no está nuestra talla. Es preferible retirarlo de la oferta y liquidar al final de la temporada los modelos que vayan quedando incompletos.

Otra manera de manejar la frescura es rotar las colecciones entre tiendas de distintas zonas. Esto no requiere tener grandes inventarios, porque los inventarios se almacenan en un centro de distribución y solo se llevan a la tienda para reponer lo que rota.

Esto me recuerda otra de las prácticas antisistémicas que he visto. Algunos *retailers* empujan el inventario hacia las tiendas y le piden a sus proveedores que les despachen las reposiciones separadas por tienda. Así "ahorran" costos de almacenamiento y *picking*. Es lo que llaman *cross docking*. Si, en cambio, la reposición se hiciera con mucha frecuencia y directamente a la tienda, sería bueno para la disponibilidad pero una pesadilla logística en las tiendas al recibir cientos de envíos de proveedores. Es mejor usar el centro de distribución y llevar un solo vehículo de la empresa a cada tienda con la mezcla a reponer, y a los proveedores comprarles con una frecuencia razonable. El centro de distribución tiene precisamente la función de agregar demanda, efecto que se pierde con el *cross docking*.

Es decir, una vez que se ha elegido qué se va a vender, se aplica la reposición frecuente mientras siga vigente el producto.

Y algo que mejora la disponibilidad con base en las dos anteriores, es la exhibición. También en este aspecto se puede pensar en flujo y cómo el control de WIP lo agiliza, pero no me extenderé en este aspecto aquí.[51]

SEGURO DE DISPONIBILIDAD

Algunas veces hay una necesidad de tener disponible algo, pero que representa una gran inversión.

Por ejemplo, las mineras cuentan con camiones que cargan 200 o 300 toneladas y tienen unas cajas de cambio que cuestan USD 500.000. Si la caja de un camión falla, podría significar una pérdida muy grande para la empresa, por lo que es preferible tener disponible una caja por si acaso.

Pero si no falla nunca y cambian el modelo de camión, ese inventario queda obsoleto y en ese momento se considera una gran pérdida.

No es para nada frecuente esta situación, pero es posible identificar una necesidad en este tipo de industrias.

El concepto de riesgo tiene dos componentes: el daño del evento y la probabilidad de ocurrencia del evento.

Si el daño es moderado y la probabilidad alta, el riesgo es real y debe ser manejado. Si el daño es muy alto aunque la probabilidad sea baja, todavía podemos tener un riesgo que vale la pena considerar.

> Cuando la no disponibilidad de un bien significa un riesgo operacional relevante, y la disponibilidad del bien significa un riesgo financiero apreciable, la mitigación de ambos riesgos es una necesidad significativa.

En este caso, vamos a tener en cuenta los errores financieros que se cometen al no considerar la naturaleza sistémica de las organizaciones. Las empresas son sistemas que generan dinero al vender sus productos o servicios. Esto lo pueden hacer cuando todo el sistema se sincronizó para producir, es decir, el ingreso es producto de las interacciones de las partes.

---

51. Todos estos aspectos de *retail* están desarrollados en la novela de negocios *Isn't it obvious?*, E.M. Goldratt (2009).

Hay costos también. Al costo asociado a cada unidad vendida lo llamaremos Costo Totalmente Variable (CTV). El precio de venta menos el CTV se llama throughput o tasa de transferencia efectiva[52] en TOC. En general, el CTV es la materia prima. En algunos casos hay que agregar algo más, pero son los menos.

El resto de los costos son necesarios para operar el sistema y a estos los llamaremos *gastos de operación* (GO). Todos estos no están asociados a cada unidad de producción, más bien se pueden asociar a cada parte del sistema. Puede ser energía que mueve máquinas o sueldos o arriendos, etc. No le quede la impresión de que los GO son siempre fijos.

Veamos lo que ocurre. Cuando el fabricante de uno de estos bienes, como la caja de cambios de un camión minero, fabrica una unidad, la única inversión real que hizo fue la materia prima. Y en ese caso, la materia prima de esa caja puede costarle al fabricante USD 200.000 (o incluso menos).

Incluso si el fabricante mantiene inventario de cajas, lo normal es que el viaje desde la fábrica en, por ejemplo, Japón a la mina en Chile, demore meses.

¿Qué hace uno cuando quiere mitigar un riesgo? Toma un seguro.

El fabricante puede ofrecerle a la minera un seguro de disponibilidad por una prima anual de 8% del valor de la caja. En este caso sería una prima anual de 8% x 500.000 = USD 40.000 a cambio de despacharle inmediatamente una caja para tener disponible. Si la usa, se le factura completa, si no la usa y la devuelve, no paga nada más.

Para la minera esto resuelve su dilema porque el costo adicional de la prima es mucho menor que la pérdida de la tasa de transferencia efectiva que sufre si no tiene la caja.

Para el fabricante, el negocio financiero es claro, porque recibe un retorno de 20% anual sobre su inversión mientras espera que se venda esa caja.

Es un trato de mutuo beneficio que no se considera por parte del fabricante si este calcula el costo de la caja con contabilidad de costos tradicional.

---

52. Son tres indicadores primarios en TOC. Tasa de transferencia efectiva es la velocidad a la que se genera dinero a través de la operación; *inventario* es el dinero invertido y que puede convertirse en esa tasa; *gasto de operación* es el dinero que se gasta para convertir el inventario en tasa de transferencia efectiva.

Hoy el término *pay-per-click* (PPC) es popular en los servicios de internet. Muchos servicios, en especial de publicidad, se comercializan de este modo. Uno paga solo por los "clics" que haga el público sobre un enlace determinado. Se supone que habrá una conversión de clic a venta y esto determina el precio al que se vende este servicio.

Pero antes de que estuviera tan desarrollado este mercado, Goldratt identificó una necesidad en un amplio rango de industrias que puede ser satisfecha si uno reconoce la naturaleza sistémica de la propia empresa y de las de los clientes.

> Cuando una buena inversión es considerada como demasiado riesgosa, eliminar el riesgo es una necesidad significativa de los clientes.

Una inversión es buena si tiene un buen retorno. Y es considerada riesgosa dependiendo del análisis que uno haga.

Uno de los clientes que atendí en Colombia tiene un negocio que distribuye máquinas de inyección de tinta para codificación variable, es decir, esa información que le pone uno al producto en el momento de la producción. Por ejemplo, el código de barras va en la etiqueta, porque siempre es el mismo. Pero el número de lote y las fechas de elaboración y vencimiento se ponen a cada producto en el momento de producir.

Ya había mencionado a esta empresa antes. Voy a explicar en más detalle este negocio de vender impresoras para la línea de producción, las que llamaremos *inkjet*.

Todos los fabricantes de productos de consumo masivo que se venden en el comercio formal requieren poner fechas de elaboración o vencimiento, por lo menos. Para esto existen varias alternativas. Una es estampando manualmente la fecha con tinta, otra es usar unas máquinas de estampado en caliente, otra la que estamos comentando, una *inkjet*.

Usted habrá visto productos que tienen una fecha difícil de leer porque ya no se distingue bien un número o está borrosa. Esta es la tecnología más barata y lenta. Y los productos que tienen las fechas escritas con puntitos y que se leen bien, esa la hizo una *inkjet*.

Las *inkjet* son capaces de hacer algunos miles por hora, y típicamente se encuentran en líneas de alta velocidad. El precio de una de estas máquinas puede ser de unos USD 10.000. Para una empresa que vende 50.000 unidades al mes una *inkjet* puede parecer desproporcionada: en menos de uno o dos días es capaz de hacer toda la producción, y por eso muchas de estas empresas pequeñas o medianas prefieren tecnología más barata.

¿Es una buena inversión una *inkjet* para una empresa pequeña? Veamos, es cierto que puede ser que se utilice solo unas horas al mes, pero los beneficios que tiene son varios. La codificación queda mucho mejor, lo que abre las puertas de salas de venta que son exigentes con esto. Además, los clientes tienen una mejor impresión de la marca y puede impulsar ventas. Del punto de vista operativo, son tan rápidas que eliminan errores en codificado, reducen tiempos perdidos y permiten mucha flexibilidad.

He hecho el cálculo con varios ejemplos y siempre resulta que el precio de la máquina se paga en pocos meses por los beneficios que produce. Pero…

Pero el fabricante pequeño hace dos reflexiones.

Una es que tener una máquina tan sofisticada debe incrementar su costo al tener que ocuparse del mantenimiento, alguien debe comprar los insumos, y después del año de garantía, el riesgo de pagar por el cabezal que es un repuesto muy caro. Su riesgo de operación se incrementa.

Y la otra es que al usarla tan pocas horas está subutilizando un activo que costó caro.

Estas dos reflexiones llevan a considerar que es riesgoso invertir en una *inkjet*, pero como ya dije, un análisis objetivo dice que conviene en una gran cantidad de estos casos.

El distribuidor de *inkjet* quiere incrementar ventas de máquinas pero el mercado que compra sin dudarlo es el de grandes productores. En términos de unidades de *inkjet*, es un mercado pequeño comparado con el potencial de pequeños productores que podrían beneficiarse de una *inkjet*. Es una proporción de 1:100 por lo menos.

¿Qué podemos hacer? ¿Convencer a los pequeños que compren porque les conviene? Ya sabemos que el vendedor no es el consejero más confiable en los oídos de un comprador. Y este percibe un riesgo en esta inversión.

La esencia de la oferta es que el cliente perciba todos los beneficios de la buena inversión sin tener que asumir ninguno de los riesgos.

La oferta es, le ponemos una inkjet en comodato en su línea y usted paga solo por lo que la usa. Nosotros nos hacemos cargo de mantenerla operativa: proveemos los consumibles (tinta y solvente), hacemos el mantenimiento y reparamos cuando se requiera. Y puede devolverla cuando quiera sin condiciones.

Note que no estamos cobrando un arriendo porque el precio tiene que ver con la producción del cliente y no con el precio de la máquina.

De acuerdo, parece muy bueno para los clientes. Incluso cuando íbamos a ver a los primeros, desconfiaban porque parecía demasiado bueno para ser verdad.

Pero, ¿cómo es bueno este trato para el distribuidor? Parece como si ahora todo el riesgo lo asumiera este último. Veamos si es cierto y si igual le conviene.

El distribuidor debe pagarle al fabricante cada *inkjet* a precio de distribuidor, que es al menos 30 a 35% menos que el precio de venta. Y para esto puede pedir un *leasing* financiero en el banco, a 12 meses.

Nuestro cálculo inicial era que la facturación media de las *inkjet* en trato de PPC cubriría el costo del *leasing* y quedaría ganancia. La realidad demostró que nos quedamos cortos, y con los tratos de PPC las máquinas se pagaron en 8 a 10 meses.

Pero esto no es todo. La promesa que se hace al mercado no es una máquina nueva. Le prometemos que puede marcar sus productos con la mejor tecnología. Es decir, no vendemos máquinas, vendemos el resultado de usar la máquina. Esto lleva a que las que se devuelvan pueden usarse en otros tratos.

Y aquí obtuvimos beneficios inesperados. Una *inkjet* tiene una vida útil de 8 a 10 años en alta producción. Pero en tratos de PPC su vida útil, que depende del uso principalmente, se extiende varias veces. Todavía, después de varios años, no sé de ninguna dada de baja. Por lo que después de menos de un año, cada trato de PPC produce una tasa de transferencia efectiva como la venta de tres a cuatro máquinas.

Respecto de los repuestos, el distribuidor también debe tenerlos disponibles para los grandes clientes, por lo que la inversión en este ámbito no se incrementó mucho. Y el riesgo se reduce cuando uno tiene muchas máquinas, porque no todas fallarán, por lo que el riesgo que asumía el cliente era mucho mayor que el que asume el distribuidor.

Parece fácil de imitar… cuando se entiende bien. Pero la verdad es que el éxito está en la continuidad del servicio, lo que requiere mantener los inventarios con el sistema de amortiguadores y manejar al servicio técnico como lo expliqué en el capítulo anterior. El competidor que falle en uno de estos aspectos perderá a toda su clientela.

Nuevamente el mutuo beneficio proviene de entender la naturaleza sistémica de ambos, el distribuidor y del cliente.

Ventajas competitivas basadas en innovaciones

A pesar de que yo considero innovaciones a todas las ventajas que acabo de describir, voy a usar el término innovación en un sentido más restringido, para referirme a inventos. En general, podemos decirle a esta categoría nuevas tecnologías.

Ejemplos de nuevas tecnologías son el ascensor, el automóvil, el teléfono móvil, trilladoras automáticas, imprenta, nuevas app informáticas, etc.

En mi opinión, lo primero que hay que hacer es aplicar TOC y construir una de las ventajas anteriores, lo que da un espacio de años para pensar en la siguiente ventaja[53].

Suponiendo que ya estamos disfrutando de la mayor productividad, es decir de la estabilidad y del crecimiento que se derivan de alguna de estas ventajas, pensemos qué podemos desarrollar a continuación.

Cualquiera que sea la nueva tecnología que se nos ocurra, nos dará una ventaja si somos capaces de capitalizar sobre los beneficios que esa tecnología produzca.

El Dr. Goldratt diseñó un proceso para analizar las nuevas tecnologías, de modo que se pueda entender de manera simple cómo producen el beneficio, para luego diseñar la comunicación.

El proceso se basa en la siguiente proposición:

> Una nueva tecnología genera beneficios si, y solo si,
> elimina una limitación del sistema.

---

53. Esto es cierto hoy, pero espero que llegue el momento en que construir esas capacidades no dé una ventaja; sea obligatorio para operar.

Y el proceso consiste en cuatro preguntas iniciales:

1. ¿Cuál es el poder de la tecnología?
2. ¿Qué limitaciones se pueden eliminar con ese poder?
3. ¿Qué reglas o políticas de operación tenemos hoy para operar bajo esas limitaciones?
4. ¿Cuáles son las nuevas reglas o políticas de operación que permiten aprovechar el poder de la tecnología?

Después de responder estas preguntas, hay dos más que tienen que ver con la comunicación al mercado.

1. Considerando las respuestas anteriores, ¿qué cambios mejorarían la tecnología?
2. ¿Cuál es el mejor modo de comunicar estos beneficios al potencial mercado objetivo?

Goldratt diseñó este proceso cuando estudió el caso de los ERP[54] y las evidencias que se acumulaban apuntando a que algo no estaba bien. Muchas empresas implementaban un ERP y sus resultados no mejoraban.

El ejemplo que eligió para explicarlo fue el de los paquetes de *software* MRP[55]. Antes de tener un MRP, las fábricas requerían varias personas, trabajando varios días, para calcular cuánto y cuándo debían comprar para cada materia prima necesaria según el programa de producción, y luego planificar cuándo iban a empezar a producir cada orden. Era tan trabajoso que se hacía una vez al mes.

Con el primer MRP, alimentando al sistema con las órdenes de producción y con las "fórmulas" que dicen los materiales requeridos por cada unidad, se puede hacer el cálculo y emitir las listas de adquisición y las listas de materiales por órdenes, en un lapso de 10 horas.

Muchas de las empresas que compraron un MRP vieron cómo esta tarea se aceleró mucho, y ahora demoraron mucho menos en hacer todo el cálculo… ¡una vez al mes!

---

54. ERP: *Enterprise Resource Planning* es el término genérico para denominar paquetes de *software* para integrar todas las partes de una organización.
55. MRP: *Material Requirement Planning, software* para planificar el requerimiento de materiales en la producción.

Todo esto es real. No lo parece, pero algunos de los que se ríen de esta historia, cometieron los mismos errores con el ERP.

Apliquemos las cuatro primeras preguntas para el MRP:

1. El poder es calcular en pocas horas las necesidades de materiales basado en unas fórmulas predeterminadas.
2. Las limitaciones son tener que dar plazos de más de un mes, no poder ajustar programas de producción, tener que fijar el programa para el mes completo.
3. La regla actual es hacer el programa una vez al mes.
4. La nueva regla es hacer el programa con más frecuencia, puede ser todos los días.

Ahora parece obvio, pero hubo muchas empresas que no aprovecharon de inmediato esta tecnología, incluso habiéndola comprado.

En el caso de PPC que expliqué más arriba, algo que aceleró mucho el análisis de si era o no una buena inversión fue darse cuenta de que, para ese mercado que percibe alto riesgo de la inversión, es siempre una nueva tecnología lo que sea que estemos vendiendo.

En el caso de la *inkjet*, es una tecnología antigua, pero es nueva para todas esas empresas pequeñas que no la usan.

FUENTES DE INNOVACIÓN

Uno de los nuevos desarrollos de Goldratt Consulting después del fallecimiento del Dr. Goldratt, en junio de 2011, es el proceso de innovación.

Una de las características importantes de TOC es que desarrolla procesos para pensar. Un proceso es una secuencia de pasos que transforma una cosa en otra. En general, podemos decir que cualquier proceso debería tomar un problema y dar como resultado una solución.

El proceso genérico de innovación tiene cuatro pasos:

- Mejorar la propuesta de valor
- Diseñar el modelo de negocio
- Diseñar el plan de ejecución
- Lanzar la nueva generación de productos/mercados

Para los pasos 3 y 4 tenemos procedimientos en TOC que pueden ser consultados en otras fuentes, e incluso el cuarto requerirá habilidades de comunicación y publicidad desarrolladas hace tiempo, y surgen nuevas con las tecnologías digitales.

Voy a explicar un poco en qué se basan el primer y segundo pasos.

MEJORAR LA PROPUESTA DE VALOR

Existen tres fuentes de las que pueden surgir ideas para mejorar la propuesta de valor que una empresa puede ofrecer:

- Desde el punto de vista del producto o servicio
- Desde el punto de vista de los clientes
- Desde el punto de vista de los mercados

Desde el producto. Un producto o servicio puede ser mejorado con cambios en sus atributos. Es posible que un cambio en un atributo genere un beneficio relevante, aunque nadie lo haya solicitado pero que muchos apreciarían.

Pienso que esto aplica a la introducción del iPhone; cuando Steve Jobs lo presentó, los teléfonos móviles eran eso, teléfonos. Algunos modelos ya estaban ofreciendo incipientemente servicios de mensajería, y muy pocos permitían visitar páginas de internet, pero con muy poca utilidad práctica. Pero había señales de que algunos sí querían más funcionalidad en esos terminales.

Cuando lo presentó, en una épica presentación (como las que hacía magistralmente), inició diciendo que mostraría tres productos: un teléfono móvil,, un navegador y un reproductor de música. ¿Cuántos consumidores estaban pidiendo eso en un solo dispositivo? Pocos. ¿Cuántas personas hoy aceptan que su dispositivo solo sea teléfono? Menos todavía.

Estos cambios de atributos pueden ser incluso inventos nuevos, pero como sea, siempre se puede examinar qué valor se está creando al usar las preguntas de una nueva tecnología. Y este es un proceso que permite descartar de antemano productos nuevos antes de invertir en prototipos, lo que es muy valioso para las empresas.

Un ejemplo de nueva tecnología que no debió desarrollarse nunca en un producto a la venta es la televisión en tres dimensiones. Es fácil decirlo ahora, que puede comprobarse el fracaso, pero podemos hacer el ejercicio igual, imaginando el entusiasmo del inventor, que suponía que las multitudes harían fila para cambiar sus aparatos por esta tecnología superior.

Primera pregunta, ¿cuál es el poder de la TV 3D? Ver las imágenes con volumen.

Segunda pregunta, ¿qué limitaciones se pueden eliminar cuando vemos imágenes con volumen? Francamente, en mi opinión, ninguna. Las imágenes planas tienen ya una sensación de profundidad que da el realismo necesario para disfrutar de lo que uno está viendo.

Tercera pregunta, ¿qué reglas se siguen para ver programas o películas sin volumen? Uno se siente frente al televisor y ve su programa.

Cuarta pregunta, ¿qué nuevas reglas se requieren para disfrutar del volumen? Hay que usar unos lentes que permiten ver el volumen. De hecho, sin lentes, esa imagen 3D aparece distorsionada.

En resumen, no me evita ninguna limitación relevante y además me obliga a estar más incómodo con esos lentes. No era difícil saber que no tendría ningún éxito.

Cada vez que alguien descubre o inventa algo nuevo, se entusiasma mucho con la novedad, pero el filtro de las primeras cuatro preguntas acorta mucho el análisis para saber si será o no una propuesta de valor mejorada.

Desde los clientes. En este caso el análisis se parece mucho al que tradicionalmente hacemos con TOC, investigando efectos indeseables que los clientes sufren en la actualidad.

Como ya describí, el proceso es listar varios efectos indeseables y se busca la causa raíz. Cuando lo expliqué más arriba, la causa raíz era alguna política de los proveedores, por lo que cambiando esa política, y alineando la operación interna con la nueva política, se hacía una oferta de mucho valor.

Pero a veces la causa raíz es que el producto o servicio actual tiene esa limitación y a nadie se le ha ocurrido todavía cómo mejorar un atributo.

Un ejemplo puede ser que los conductores sufran de día por el sol y de noche por las luces de frente, además de otras posibles molestias que surgen todas de no poder controlar el tono del parabrisas.

Si un fabricante de parabrisas es capaz de incorporar la capacidad de cambiar de color y la opacidad de los parabrisas, podría satisfacer este tipo de requerimiento. Nuevamente, puede ser que poca gente lo demande, pero cuando esté disponible, si este poder elimina alguna limitación real, serán muchos los que lo prefieran a la alternativa actual.

Si usted hace el ejercicio de las cuatro preguntas, verá si hay una buena probabilidad de generar una propuesta valiosa o no. Y si pasa este filtro, luego viene la quinta pregunta, ¿qué cambios hay que hacerle para mejorarlo más todavía?

Imagine que el inventor diseñó el sistema para que con una combinación de códigos en un teclado pueda hacer los cambios de tonos. Al hacerse la quinta pregunta, el diseño puede cambiar a sustituir el teclado por sensores para la mano, donde con gestos cambie los tonos.

Este método tiene varios de los componentes de un proceso sistemático. La solución tecnológica requiere conocimiento de ciencias, lo que confirma nuevamente la afirmación de que el conocimiento es el que crea valor.

Y para este ejercicio, que es de invención, sugiero explorar también el método TRIZ, inventado por Genrich Altshuller[56]. TRIZ es un método para inventar soluciones técnicas, pero su lógica es muy parecida a TOC. Muchas veces he visto que la nube de conflicto de TOC conduce al mismo razonamiento que la matriz de conflicto de TRIZ, pero en TRIZ se recogen, al menos, cuarenta principios de ciencias naturales que guían hacia la solución.

Desde el mercado. Goldratt decía que a veces hay pequeñas señales en el mercado, donde un 1% está pidiendo algo y las empresas lo desestiman por irrelevante, porque son muy pocos. Y se refería a esto como una "cola moviéndose", y decía que donde hay una cola moviéndose, probablemente hay un perro abajo; uno toma la cola y se queda con el perro.

El método aquí es detectar ese grupo extremo que intenta satisfacer una necesidad, con gran esfuerzo, pero que no tiene una solución fácil. Y luego inventar algo que satisfaga esa necesidad a un costo de esfuerzo y dinero mucho menor.

Por ejemplo, en los años setenta se podía ver a algunas personas que llevaban grandes radios consigo para escuchar música por la calle. Eran muy pocos y, probablemente, considerados excéntricos, además de que a más de uno le molestaba esta actitud considerada transgresora. Para ellos mismos era un gran esfuerzo trasladarse con esos grandes aparatos.

---

56. *And suddenly the Inventor Appeared: TRIZ, the Theory of Inventive Problem Solving,* Genrich Altshuller, 1996.

Pero al examinar qué necesidad están satisfaciendo, uno puede pensar en cómo satisfacerla a un costo y esfuerzo mucho menor. En este caso, el mercado para el *walkman,* y posteriormente para los reproductores digitales portátiles, era inmenso.

El proceso consiste en:

- Detectar alguna de estas necesidades que solo unos "locos", el 1% del mercado, intenta satisfacer a un costo grande y soportando esfuerzos y molestias.
- Entender qué limitación estamos intentando eliminar.
- Inventar el producto o servicio que reduzca el costo y esfuerzo para evitar esa limitación, aquí es donde nos guiamos por el "poder" que necesitamos crear.

DISEÑAR EL MODELO DE NEGOCIO

Cuando ya tenemos una innovación debemos responder a la sexta pregunta, ¿cómo comunicar el valor al mercado? Pero antes hay que decidir qué le venderemos al mercado y cómo; esto es el modelo de negocio.

Para esta decisión, debemos tener en cuenta dos cosas fundamentales: cómo capturar el mayor valor, y cómo incurrir en el mínimo riesgo.

Un ejemplo de modelo de negocio que yo creo que puede tener un riesgo latente es el de Nespresso.

Nespresso vino a satisfacer una necesidad de café gourmet a un costo muy inferior y un esfuerzo casi inexistente. En vez de tener una máquina cara que sirve para hacerse un café en un proceso de comprar café caro, moler, preparar, lavar; la máquina Nespresso hace el trabajo en un solo paso con una cápsula.

Debieron pensar que su modelo de negocio era vender cápsulas, por lo que la máquina se vende relativamente barata.

El riesgo latente me parece a mí que está en que las cápsulas pueden ser copiadas. Mientras escribía esto, hice una búsqueda de "cápsulas alternativas nespresso" y encontré varias, unas venidas de Alemania con "certificación Premium", y otras, resultado de un emprendimiento de un chileno.

El modelo de negocio puede tener varias formas. En la sección de ventajas basadas en pensamiento sistémico mostré algunas.

Se puede vender el producto, o el uso del producto. Se puede alquilar también. Se puede vender el equipo muy barato y los consumibles con buen margen.

Existen varias maneras de ofrecer el mismo producto. Debemos elegir el modelo que minimice el riesgo de los clientes y de la empresa, y que maximice el beneficio de ambas partes.

La clave está en ofrecer un trato de ganar-ganar, que yo defino como un trato de mutuo beneficio y mutuo compromiso.

Venta de ventajas competitivas decisivas

Si hemos hecho un buen trabajo con la innovación, podemos suponer que efectivamente entregará un valor real, y que no se puede obtener de otro modo que no sea comprando nuestra innovación.

Esto nos lleva a que la comunicación debe estar orientada a mostrar qué limitación se elimina y cómo nuestro producto o servicio es una manera económica y conveniente de hacerlo.

Muchas veces he visto técnicas de venta que se basan en manejar objeciones y lograr cierres. A mí me parece que eso está alejado de generar la sincronización de la empresa con el mercado, que es el enfoque sistémico de la venta.

LAS TRES CONDICIONES
PARA UNA VENTA

Para que se realice una venta deben concurrir tres condiciones: credibilidad, necesidad, tiempo oportuno.

La credibilidad primero en el vendedor. Esa confianza que uno deposita en otro porque comparte valores y porque goza de buena reputación. Simon Sinek plantea una buena teoría que apoya esta afirmación. Él la llama el Círculo Dorado,[57] y la explica en un libro y charlas que se encuentran en internet.

La credibilidad en nuestro producto. Esta, en realidad, viene heredada de la primera.

57. Simon Sinek: *Cómo los grandes líderes inspiran la acción.* https://www.youtube.com/watch?v=7HvYUlH4mkA

En segundo lugar, la necesidad que estamos satisfaciendo define a nuestro mercado objetivo. Nuestra comunicación debe ser clara en este sentido: ¿qué obtendrá si nos compra? Es interesante cómo las personas hacen todas las conexiones rápidamente cuando uno les toca una fibra sensible.

Y por último, debe ser el tiempo oportuno para el cliente. Es posible que uno tenga confianza y necesite el producto, pero no hoy. Y si uno recibe una llamada ofreciendo el producto, la encuentra inoportuna, y puede provocar hasta rechazo.

El mejor momento es cuando el potencial cliente llama pidiendo más información. Esto ocurre de manera natural en el comercio, donde los consumidores se acercan a la tienda o cuando se compra por internet. En negocios donde la venta es personal, los mejores resultados se obtienen cuando alguien lo llama a uno.

Por lo tanto, la comunicación debe estar orientada a lograr que a uno lo llamen. Comunicación que debe lograr generar esa confianza, y que debe transmitir una idea clara de la necesidad que se satisface.

Leí en un libro de ventas algo que me pareció muy acertado: "A nadie le gusta que le vendan, pero a todos les encanta comprar".

Cuando a uno ya lo llaman, la venta también tiene un proceso.

EL PROCESO DE VENTA

La venta hay que prepararla. Me refiero a esa venta que requiere interacción personal, no a la que ocurre en una tienda o en línea.

La preparación del vendedor tiene como objetivo, según lo estructuró Goldratt, superar seis Capas de Resistencia.

Lo primero que diré es que nadie tiene resistencia innata al cambio. Y nadie tiene resistencia a la mejora. Sin embargo, nuestra experiencia es de mucha resistencia a los cambios que proponemos. Esto nos debe llevar a concluir que, probablemente, somos nosotros los que no sabemos expresar bien el cambio para que se identifique la mejora. Hay un buen video en internet que habla de esto.[58]

Suponiendo que el cambio que proponemos es una real mejora, veamos qué capas de resistencia debemos superar para lograr la colaboración del cliente:

---

58. ¿Resistencia al cambio? https://www.youtube.com/watch?v=YvV0-_seI3I

- Acuerdo sobre el problema
- Acuerdo sobre la dirección de la solución
- Acuerdo sobre la solución
- Acuerdo en que la solución no tiene efectos negativos
- Acuerdo sobre que se pueden superar los obstáculos para implementar la solución
- Superar el temor no verbalizado

El acuerdo sobre el problema es precisamente el reconocimiento de la necesidad. La dirección de la solución tiene que ver con qué circunstancias o atributos proponemos cambiar. La solución es nuestra propuesta concreta.

Después de superadas estas etapas, hay dos capas que podrían desaconsejar la compra. Por un lado, la compra podría generar efectos negativos, empezando por el precio si es que supera el beneficio. Pero puede haber otros posibles inconvenientes que genere nuestro producto. Comprar nuestra solución puede ser impedido por obstáculos. Si las tres primeras capas fueron superadas, el comprador ya tiene un entusiasmo por comprar, y colaborará con el proveedor para superar estas dos últimas.

Y, por último, la sexta capa no es sexta en el orden, como sí lo son las cinco primeras. Esta es una que puede condicionar al comprador para no analizar la propuesta.

Las cinco primeras capas son las razones por las que el cambio puede ser o no una mejora, y se superan con razonamiento. La sexta son factores psicológicos que puede impedir al comprador entrar en el intercambio de razones lógicas.

Normalmente el bloqueo de la sexta capa ocurre con mayor frecuencia cuando nosotros hemos solicitado la entrevista. En cambio, cuando es el cliente quien llamó para saber más, el bloqueo de la sexta capa se ha reducido en gran medida.

Estas capas son una guía en el proceso de preparación del vendedor, donde entiende bien cómo maximizar los beneficios y cómo minimizar los riesgos.

> El objetivo del proceso de venta no es vender; es validar, junto con el cliente, la conveniencia del trato, para ambos.

La presentación debería ser una conversación que vaya generando las emociones favorables. Todas las decisiones se toman, principalmente, obedeciendo a nuestras emociones. ¿Nunca dijo no lo haré aunque sé que me conviene, porque no me siento cómodo? ¿O viceversa?

Es cierto que hay gente más fría y solo escucha sus razones. Si nuestra preparación lógica está bien hecha, la venta está casi asegurada. Para los menos "fríos", es bueno que se vaya generando una secuencia de emociones que termine en la conclusión "¡esto es lo que conviene!".

Reviviendo la necesidad se despierta un poco de ansiedad. La dirección da esperanzas de poder tener una solución. La solución y resolver las preocupaciones acerca de las posibles consecuencias negativas, da la alegría de que es posible. Y la superación de todos los obstáculos termina de confirmar la confianza de que ese es el cambio correcto.

¿Cuál es su experiencia en ventas? ¿Una conversión de menos de 30% o de más de 80%?

> Los procesos de venta tradicionales muchas veces fallan porque, al desconocer la naturaleza sistémica de la relación con los clientes, no buscan validar que los tratos sean de ganar-ganar.

Cuando hemos ejecutado bien los procesos descritos en este capítulo, los clientes de Goldratt Consulting se han sorprendido por la alta tasa de conversión que empezaron a tener en sus ventas.

Estrategias sistémicas para empresas

COMO YA HE dicho antes, un sistema es un conjunto de elementos interdependientes que tiene un propósito. El propósito del sistema debe ser algo deseable por todos los que deben interactuar para producirlo. La estrategia debe ser tal que logre el propósito. Pero antes de hablar de las estrategias para empresas, definamos los términos.

Estrategias y tácticas

La palabra estrategia ha tomado varios significados y nos puede confundir. Por ejemplo, a veces uno escucha que tal iniciativa es estratégica, cuando en realidad lo que se quiere decir es que es crítica o esencial. A veces se dice que algo no está en nuestra estrategia, pero no se entiende bien por qué.

El Dr. Goldratt contaba que buscó y leyó varios libros acerca de estrategia para entender mejor este tema. En general, estrategia se entiende como algo muy general, de largo plazo, a lo que se debe tender. A veces se entiende como el plan de acción para lograr un objetivo.

Contaba la historia de que Einstein necesitó definir el tiempo para formular su teoría de la relatividad. Hasta ese momento no había un acuerdo de qué era el tiempo. Einstein no buscó el acuerdo, simplemente lo definió como aquella cosa que se mide con un reloj.

Goldratt definió las palabras estrategia y táctica de un modo similar.

> La estrategia es la respuesta a la pregunta ¿para qué?, y
> la táctica es la respuesta a la pregunta ¿cómo?

Definidas así se pueden encontrar pares estrategia-táctica a cualquier nivel de análisis que uno elija. Esta definición de estrategia la hace sinónimo de objetivo.

Es interesante hacer estas distinciones porque muchas veces se ven desacuerdos en las tácticas sin que siquiera se hable de los objetivos. Normalmente los objetivos no son cambiantes y es fácil llegar a acuerdo sobre ellos. Si no hay acuerdo sobre el objetivo, no tiene sentido hablar de cómo lograrlo, ¿cierto?

Y después de que hubo acuerdo sobre el objetivo, las distintas tácticas serán correctas o incorrectas dependiendo de la validez de las premisas que las fundamentan.

> Las premisas o creencias o supuestos son lo que da
> sentido a una táctica para alcanzar un objetivo.

La investigación, la evidencia, y luego el conocimiento, valida o invalida supuestos. Es todo acerca de conocimiento.

Condiciones de una buena estrategia

Decía que el propósito debe ser deseable para todos los que interactúan en el sistema. Veamos el caso particular de las empresas.

En las empresas, los primeros que deben colaborar son los clientes, queriendo comprar el producto o servicio. Sin ingresos no se puede sostener una empresa. Tal vez colaboración no es la palabra adecuada; la usé aquí en el sentido de "comprar libre y gustosamente", para mantener la coherencia del argumento[59].

En segundo lugar, los accionistas o dueños de la empresa deben querer mantener el capital invertido en ella. Si deciden invertirlo en otra empresa, primero deben vender a otros dueños. Y lo dicho aplica a estos nuevos dueños.

En tercer lugar, todos los empleados y proveedores, deben querer colaborar para lograr un resultado por el que los clientes paguen y los accionistas obtengan una rentabilidad satisfactoria.

> La clave está en que la interacción debe ser plenamente
> voluntaria, porque el mejor resultado se logra de la
> colaboración. La colaboración es opuesta a la coacción.

---

59. Excepto en el caso de monopolio, o de impuestos, uno entrega su dinero voluntariamente a cambio del producto o servicio.

Cuando alguna de estas condiciones no se satisface, la estrategia descarrila a la empresa.

Hay accionistas que se ven obligados a mantener el capital por un tiempo, y su colaboración durante este tiempo no es para lograr el propósito de la empresa, más bien su propio objetivo, que ya no coincide con el de la empresa.

Hay clientes que se ven forzados a comprar algo, y no serán fieles a la marca, más bien buscarán sustitutos o alternativas para dejar de comprar a esa empresa.

Y el caso de los empleados es tal vez donde más se manifiesta este fenómeno; a veces trabajan en una empresa forzados por la circunstancia de no encontrar un trabajo mejor, y su grado de colaboración es apenas seguir instrucciones.

> Las condiciones necesarias para decir que una estrategia es buena son tres: da satisfacción a los empleados; da satisfacción a los clientes y da satisfacción a los accionistas.

Cualquier estrategia que no cumpla con estas tres condiciones necesarias es un camino hacia el deterioro de la empresa.

Releyendo a Taylor, encontramos ideas parecidas. Veamos los primeros párrafos de su único libro.

El principal objeto de la administración debería ser asegurar la máxima prosperidad para el empleador, junto con la máxima prosperidad para el empleado.

Las palabras "máxima prosperidad" son usadas, en su sentido amplio, para significar no solo grandes dividendos para la compañía o el dueño, sino el desarrollo de cada rama del negocio a su más alto estado de excelencia, de modo que la prosperidad sea permanente.

De la misma manera, máxima prosperidad para cada empleado significa no solo salarios más altos que los usualmente recibidos por hombres de su clase, sino que, incluso más importante, también significa el desarrollo de cada hombre a su estado de máxima eficiencia, de modo que sea capaz de hacer, generalmente hablando, el más alto grado de trabajo que sus aptitudes naturales le permitan, y significa darle, cuando sea posible, esta clase de trabajo para hacer.

Parecería ser tan autoevidente que la máxima prosperidad para el empleador, junto con la máxima prosperidad para el empleado, deberían ser los dos objetivos primarios de la administración, que incluso afirmar este hecho debería ser innecesario. Y aun así, no hay duda de que, a través del mundo industrial, una gran parte de la organización de empleadores, asimismo de la de empleados, están más bien en guerra que en paz, y tal vez la mayoría de cada lado no cree que sea posible un arreglo de sus relaciones mutuas para que sus intereses sean idénticos.

La mayoría de estos hombres cree que los intereses fundamentales de empleados y empleadores son necesariamente antagonistas. La Gerencia Científica, por el contrario, tiene su fundamento en la firme convicción de que los verdaderos intereses de ambos son uno y el mismo; que la prosperidad para el empleador no puede existir en el largo plazo a menos de que esté acompañada por la prosperidad para el empleado, y viceversa.[60]

Este texto tiene cien años de antigüedad y me parece que sigue vigente. Este libro que usted está leyendo tiene los mismos objetivos que los de Taylor. Para mi sorpresa, busqué los textos originales de Taylor para demostrar que la administración había iniciado con ciertos objetivos equivocados y que después evolucionó. Y me encontré con este texto que declara los mismos objetivos que le atribuyo a la gerencia sistémica. Es más, esa firme convicción de poder eliminar el conflicto es uno de los pilares de la filosofía de Goldratt.

Por supuesto que la satisfacción tiene grados, por lo que empresas que compiten entre sí por el talento, por el mercado y por el capital, pueden sobrevivir largo tiempo si es que no hay competidores que

---

60. *The Principles of Scientific Management*, F.W. Taylor, 1919. El primer manuscrito de este libro se publicó en 1911 con el título de *Shop Management*.

eleven alguno de estos indicadores de satisfacción muy por encima del resto.

Pero esto es muy triste. Buscar consuelo en los errores ajenos no representa precisamente un espíritu empresarial pujante.

> Lo que quiero proponer aquí es que el error fundamental, de no reconocer la naturaleza sistémica de las empresas, genera y sostiene un mundo lleno de conflictos de supervivencia, tanto para organizaciones como para individuos.

El error fundamental: origen de conflictos crónicos

Puedo empezar desde cualquier ángulo, porque en los sistemas todo está relacionado. Empezaré por operaciones y cómo el error fundamental lleva a reducir todo tipo de tiempo "desperdiciado".

Lo entrecomillé porque ya sabemos que necesitamos amortiguadores de capacidad en toda la empresa para lograr la sincronización, y que estos amortiguadores se manifiestan en tiempos ociosos, que no son desperdicio; por el contrario, son tiempos muy productivos cuando permiten un flujo mejor.

Pero la mayoría de las empresas todavía tienen en su cultura esa creencia fundamental de que todos los empleados deben estar ocupados en algo para ser productivos.

Por otro lado, sabemos que los mercados fluctúan, la demanda sube y baja, y a veces nos encontramos con más capacidad de la necesaria para ese momento. Y es ahí donde la dirección de la empresa decide "cortar grasa".

Hasta ese momento, la satisfacción del empleado se basa en tener algo de seguridad para su sustento y el de su familia. Pero, sin importar el grado de colaboración y lealtad mostrados, puede ser despedido porque sobra capacidad o, puesto más en concreto, los gerentes quieren reducir costos.

¿Cuál es el grado de colaboración y lealtad del resto de los empleados que se quedan… por ahora? Perciben que la empresa no es igualmente leal con ellos. Esa es la percepción, y la percepción es la que importa. Y la colaboración y lealtad es cada vez más baja mientras más se repita el ciclo.

Con ese grado bajo de colaboración, ¿cómo será la satisfacción del cliente? Probablemente también va bajando. Ya dije que hay un equilibrio, donde los clientes no tienen alternativas y siguen comprando, a pesar de no estar satisfechos. Esto significa que, en estas circunstancias, el precio ofrecido es un gran diferenciador.

Cuando las empresas se diferencian por precio, la rentabilidad se reduce, lo que reduce la satisfacción de los dueños, que a su vez presionan por mejor rentabilidad del único modo que es inmediato: reducción de costos.

Y estamos de vuelta con la presión de la dirección para reducir "desperdicios".

La innovación es la única estrategia sostenible

En cualquier curso introductorio de *marketing* nos dirán que hay que diferenciarse. Sin embargo, no es algo que se enfatice como la única manera de sostener a una empresa, a pesar de que vemos muchos ejemplos que lo confirman.

El círculo vicioso descrito anteriormente se rompe primero reconociendo la naturaleza sistémica de las empresas. Esto lleva inmediatamente a entender que las condiciones escritas más arriba son necesarias para el éxito de hoy y del futuro de la empresa.

Las tres condiciones son necesarias. Estoy diciendo esto en los términos rigurosos que tiene una condición necesaria en matemáticas o en lógica. Para lograr el objetivo, debe satisfacerse la condición.

Pero no he establecido el objetivo para las empresas. Muchas empresas tienen establecida su misión, y es distinta de empresa a empresa, y de industria a industria.

Sin embargo, creo no equivocarme al proponer un objetivo genérico para todas las empresas.

> El objetivo de cualquier empresa es generar valor para todas sus partes relacionadas, creciente y continuamente.

Este objetivo incluye el presente y también el futuro. Las acciones para sostener el presente deben ser las mismas que las acciones para construir el futuro.

El presente se sostiene con acciones que permitan un flujo de caja saludable. Cuando se acaba el efectivo para pagar los gastos corrientes y a los proveedores, se acaba la empresa.

El futuro se construye invirtiendo y gastando en lo que sea necesario para el crecimiento previsto.

El problema es que el crecimiento no es seguro, y muchas veces se basa en fundamentos débiles. Al pasar el tiempo y no crecer al ritmo previsto, la caja se resiente y se requiere recortar gastos o liquidar activos.

¿Cómo podemos lograr un presente estable al mismo tiempo que construimos el futuro?

Como ya sabemos, la respuesta a la pregunta "cómo" es la táctica.

> La táctica genérica para alcanzar el objetivo genérico es construir una ventaja competitiva decisiva (un océano azul), y las capacidades para capitalizar en ella, en mercados suficientemente grandes, sin agotar los recursos de la compañía ni correr riesgos reales.

En el capítulo de operaciones ya mostré cómo abrazando el pensamiento sistémico se puede innovar hoy en servicio, en un mundo donde la entrega a tiempo es incierta y en un mundo lleno de inventarios incorrectos, que no dan plena satisfacción a la demanda.

En el capítulo que incluye al mercado mostré varias de estas innovaciones que se pueden hacer de inmediato. Y también mostré un método sistemático para desarrollar las siguientes innovaciones que fundamenten las siguientes ventajas competitivas.

La clave está en enfocarse en una a la vez. Cuando ya los procesos internos están sólidos para dar ese servicio superior, se puede desarrollar la siguiente. En mi experiencia, cada una de estas ventajas abre ventanas de años, lo que permite realmente el desarrollo de la siguiente.

Es siempre posible hacerlo porque todo se basa en más conocimiento, el cual es ilimitado. Mi propuesta, más bien la de Eli Goldratt, es adoptar los cuatro principios que permiten pensar con más claridad, lo que lleva necesariamente a crecer en conocimiento.

Nuevamente veo un gran acuerdo entre los teóricos del *management*, como Jeffrey Liker (promotor de LEAN), John Seddon (Vanguard

Method), Peter Drucker, Russell Ackoff, Peter Senge y muchos otros. No se trata de aplicar modelos que fueron exitosos en otras organizaciones; más bien se trata de pensar, de estudiar el propio sistema y de tomar decisiones que lo mejoren en términos del objetivo global fijado.

Incentivos perversos

ES UN LUGAR común, sobre todo entre economistas, decir que lo importante es poner bien los incentivos.

Yo estoy de acuerdo. Es muy importante. Cuando hay incentivos, incentivan. Por lo tanto, la primera decisión es si poner o no incentivos para alguna actividad.

Incentivos típicos en las empresas son comisiones de venta y bonos de producción. La idea de estos incentivos es que si vende o produce más, gana más: le conviene a la empresa y le conviene a la persona. Suena lógico. ¿Es correcto esto?

En este momento estoy cuestionando uno de los sistemas más populares de remuneración en las empresas. Pero, como verá, no estoy solo.

Empezaré con una afirmación y después iré aportando lógica y ciencia para sustentarla.

> Los incentivos locales, como los de producción o ventas, generan comportamiento antisistémico, lo que reduce la sincronización y el valor generado por la empresa.

En otras palabras, la mayoría de (o todos) los incentivos individuales por metas locales son perversos: incentivan lo contrario de lo que queríamos, que era incrementar el valor generado.

Por contraposición podría pensarse que estoy a favor de los incentivos globales. No tengo una opinión taxativa respecto de estos, entendiéndose como bonos por utilidad general, por ejemplo. Prefiero otro contrario a los incentivos locales, que es simplemente no poner incentivos locales.

Pero entendamos mejor de dónde proviene esta conclusión. Voy a resumir en pocas líneas el pensamiento de varias personas que, no solo dan su recomendación, sino que también explican sus razones.

Eliyahu Goldratt

Al Dr. Goldratt le escuché varias veces una reflexión respecto de la motivación de las personas. Y un esquema de incentivos es parte de la "solución" para mejorar la motivación.

Decía él que el supuesto básico que se hace para crear un esquema de incentivos para motivar a alguien es que esa persona no estaría motivada en primer lugar.

Es decir, si uno observa poca motivación en las personas, inmediatamente supone que la causa está en las personas mismas.

Como uno de los principios de TOC es no iniciar culpando, la alternativa que queda es que la causa de la desmotivación esté afuera de la persona, en el sistema.

El Dr. Goldratt decía que la desmotivación era otro de los síntomas de la falta de armonía, cuya causa es siempre algún tipo de contradicción. Y distinguió cinco tipos de contradicciones en organizaciones, a los que llamó *Motores de la Desarmonía*[61]:

- No saber o no tener claridad respecto de cómo mi trabajo contribuye al objetivo global de la empresa. Si este es el caso, es difícil que tenga un compromiso y me motive trabajar.
- No saber o no tener claridad respecto de cómo el trabajo de los otros contribuye al objetivo global de la empresa. En este caso es difícil que colabore con otros, si no sé por qué debo dejar lo que estoy haciendo para atender a otros.
- Conflictos. La mentalidad de silo con objetivos sectoriales en pugna resta motivación por la frustración que producen.
- Inercia. El hecho de seguir reglas que se crearon hace tiempo y, al cambiar las circunstancias, ya no son necesarias, desmotiva al comprobar que no hay sentido en algunas de las cosas que me piden hacer.
- Desalineación entre autoridad y responsabilidad. Cuando una persona tiene delegada una responsabilidad, pero no cuenta con la autoridad

---

61. N.A.: *Engines Of Disharmony* es el término usado por Goldratt.

para tomar las decisiones necesarias para responder, frustra estar recurriendo continuamente a un superior para hacer el trabajo.

Al aplicar TOC se van eliminando las contradicciones, por lo que la motivación y la colaboración crecen.

En la lista anterior, el tercer punto se refiere a conflictos que siguen existiendo por esa mentalidad de optimizar el propio "feudo". Todos los incentivos locales apuntan a esta optimización, por lo que conservar esos esquemas de incentivos solo sostiene esta fuente de desmotivación.

En un caso reciente, con uno de nuestros clientes, tuve la experiencia de insistir por meses para que eliminaran los incentivos en producción, basados en productividad y en metas. Yo insistía en su eliminación, sabiendo que el nuevo mecanismo sistémico para controlar la producción estaba en contradicción con ese esquema. Cada día que les pedíamos a los operarios que siguieran el nuevo sistema de prioridades basado en colores, poníamos a esas personas enfrentadas a un conflicto de interés. Por un lado, los colores aseguran la secuencia correcta, pero por otro lado, sus bonos del día se beneficiaban con una secuencia distinta. Es obvio quién ganaba.

Después de ocho meses, y de muy bajos resultados, accedieron a cambiar el sistema de incentivos. En menos de seis semanas estaban los resultados a la vista, con mayor cumplimiento de la fecha de entrega y mayor productividad. Como siempre, el error fue mío, al no insistir lo suficiente para que el dueño se involucrara más. Cuando él lo hizo, y entendió todo el esquema, pidió el cambio de bonos que llevó a los resultados.

Daniel Pink

Es fácil encontrar el libro titulado *Drive*[62] de este autor, y también se encuentra fácilmente en internet el video[63] de diez minutos donde él lo explica magistralmente.

Las ideas fundamentales de Dan Pink respecto de la motivación son las siguientes:

---

62. *Drive: The Surprising Truth About What Motivates Us*, Daniel Pink, 2010.
63. https://www.youtube.com/watch?v=Razk7UiUhI8

- El dinero puede desmotivar. Si se paga menos de lo que se espera, eso desmotiva. En mi opinión, esto lo regula el mercado laboral.
- Dice que si uno ofrece una recompensa inmediata por trabajo realizado, eso es efectivo solo en tareas muy rudimentarias. Cuanto mayor sea el componente cognitivo e intelectual de la tarea, mayor desconexión existe entre el incentivo y el resultado. Muestra casos donde los incentivos pueden incluso desmotivar, y se logran peores resultados.
- Una vez que destruye la idea de que los incentivos mejorarían la productividad, Dan Pink ofrece tres factores motivadores:
  · Sentido de propósito: sentir que lo que uno hace lo trasciende.
  · Autonomía: sentir que uno puede tomar decisiones que son significativas.
  · Maestría: tener el espacio para mejorar las propias habilidades.

Simon Sinek

Simon Sinek es un orador que empezó con su libro *Start with Why*[64], donde habla de cómo los líderes inspiran a la acción. Este es un desarrollo mirado hacia la organización y cómo se relaciona con el entorno. También se encuentran videos[65] en internet.

Años después escribió otro libro, *Leaders Eat Last*[66], para explicar qué genera la confianza y el entusiasmo por colaborar en las organizaciones.

En el primero, Sinek dice que es mucho más inspirador declarar el porqué se hacen las cosas que simplemente mostrar lo que se hace o cómo se hace. Nuevamente vemos la idea de propósito en este planteamiento.

64. *Start With Why: How Great Leaders Inspire Everyone To Take Action*, Simon Sinek, 2011.
65. https://www.youtube.com/watch?v=7HvYUlH4mkA
66. *Leaders Eat Last: Why Some Teams Pull Together and Others Don't*, Simon Sinek, 2014.

En el segundo hay una idea que me parece muy interesante: la confianza y la colaboración no pueden imponerse. Cuando uno ordena, a lo sumo obtiene obediencia, pero nada garantiza que la acción se realice poniendo lo mejor de la persona. Esto se obtiene cuando se confía en el líder y se quiere colaborar. Por lo que confianza y colaboración, que son emociones, no se imponen, pero sí se inspiran.

Dice Sinek que una condición necesaria para inspirar confianza, es generar un ambiente de seguridad. Si se genera uno de temor e inseguridad, sin duda que la confianza y la colaboración no surgirán.

Fredy Kofman

Kofman ha escrito algunos libros y también es orador. Uno de sus libros, *La empresa consciente*[67], habla de valores personales que llevan a un mucho mejor desempeño de todos en la empresa.

Pero también tiene videos y en uno de ellos[68] habla directamente de los incentivos poniendo el ejemplo de un equipo de fútbol. Dice Kofman que un equipo es una organización muy simple, con dos subsistemas: la defensa y el ataque.

El objetivo del equipo es ganar. Y en fútbol, se gana metiendo más goles que el contrario. Si seguimos la lógica de los incentivos, ofreciendo un incentivo a la defensa y otro a los atacantes, deberíamos mejorar el resultado.

El objetivo de la defensa es detener goles, por lo que podríamos ofrecer un bono máximo por cero goles y empezar a descontarle por cada gol que haga el equipo contrario. Así la defensa hará lo suyo para lograr el objetivo del equipo.

El objetivo del ataque es meter goles. El bono empieza en cero y va creciendo con cada gol que se meta.

La reflexión de Kofman es que en un sistema tan simple, con dos subsistemas, estos incentivos ya distorsionan los intereses de los jugadores. A la defensa le conviene más perder por 0-1 que ganar por 5-4. Y al ataque le conviene más perder 4-5 que ganar 1-0.

67. *La empresa consciente: Cómo construir valor a través de valores*, Fredy Kofman, 2012.
68. https://www.youtube.com/watch?v=cgJFLR2f4rY (no disponible con subtítulos en español).

Según Kofman, este es un problema que no tiene solución. Lo único que puede hacerse es hacerlo mejor que los competidores. Yo pienso que Goldratt, Pink y Sinek han presentado ideas bien fundamentadas para ser más optimistas respecto de este tema.

En este caso, Kofman plantea el problema suponiendo que se requiere algún incentivo que motive. Él mismo se da cuenta de que no existen esquemas de incentivos individuales que mejoren la motivación. Y, dice él, estudió el problema por más de diez años. Ante la evidencia, lo que queda es, o abandonar (aparentemente él lo hizo), o revisar supuestos más profundos. Ya mencioné lo que dijo Goldratt: las causas de la desmotivación no residen en el individuo mismo; por lo tanto, no tiene sentido intentar resolver el problema a nivel individual: la causa fundamental es no reconocer al sistema, o no entender cómo sincronizarlo mejor.

Pero nuevamente, lo que sí está claro es que Fredy Kofman ha expuesto un argumento bastante contundente para demostrar que los incentivos locales son perversos.

Resumen

Lo que incentiva a una persona es algo que lo acerca a su meta personal. Creo no equivocarme en establecer que la meta genérica de cualquier ser humano es la misma: la felicidad.

Esta meta tiene muchas expresiones distintas, por lo que uso esta palabra en el sentido genérico que significa mayor realización personal para cada uno.

Acerca de la felicidad hay algunos desarrollos que sirven de base para entender mejor cómo funciona la motivación. Me voy a referir a dos aquí.

El premio Nobel de economía de 2002 es el psicólogo Dr. Daniel Kahneman. El trabajo de su vida es acerca de cómo las personas toman decisiones. Una de sus investigaciones fue en Estados Unidos para detectar cómo afecta el ingreso a la percepción de felicidad. La evidencia lo llevó a afirmar que la percepción de felicidad crecía a medida que el ingreso crecía, pero hasta un límite, después de ese límite eran otros factores los que incidían en la percepción de felicidad de las personas.

Por otro lado, la hija del Dr. Goldratt, la Dr. Efrat Goldratt-Ashlag, estableció dos condiciones necesarias para ser feliz: tener sentido de seguridad y tener sentido de satisfacción. Estas son condiciones necesarias, y ambas construyen una buena base.

Al observar lo que Kahneman descubrió, vemos que es totalmente coherente con las dos condiciones necesarias. La mayoría de las personas derivan su sentido de seguridad, en parte, de su ingreso, porque eso les provee de comida y refugio. Hay más aspectos de seguridad que no tienen relación con el ingreso, pero eso no significa que no sean relevantes.

Una vez que se ha superado cierto nivel de seguridad, la percepción de felicidad proviene de otras cosas, presumiblemente son cosas que dan satisfacción. En general, el sentido de satisfacción proviene de alcanzar metas que parecían difíciles: tocar un instrumento, aprender un idioma, obtener un título, mejorar la vida de personas, etc. Ya vemos que mientras más elevadas son las metas, mayor la felicidad que derivan.

Con base en estos estudios, se puede afirmar que el dinero puede motivar hasta el punto de proveer más seguridad, pero no es fuente de satisfacción. Y me atrevo a decir que, por experiencia personal, motivan más las satisfacciones que el dinero.

La pregunta que he intentado responder en este capítulo es si acaso los muy populares esquemas de incentivos por productividad (o comisiones de venta) impulsan o no la productividad global de las empresas.

Tenía más autores para seguir mostrando distintas facetas del mismo tema. Pero como todos coinciden en que los incentivos locales hacen daño a la organización, me pareció suficiente con estos. Usted puede seguir buscando más referencias. Si encuentra a alguien que ofrezca un argumento, y su correspondiente evidencia, para defender los incentivos locales, como bonos por productividad o comisiones de venta, estoy dispuesto a pagar ese conocimiento con una botella de su preferencia (no se olvide de la evidencia si quiere cobrar la botella).

La idea fundamental de este libro es que el pensamiento sistémico crea mucho más valor que la administración por silos, porque el valor es creado por las interacciones, donde el desempeño local es necesario hasta un límite, pero sobre ese límite puede bloquear el flujo mediante la construcción de trabajo en proceso, que, ya sabemos, reduce la velocidad de flujo.

La conclusión acerca de los incentivos es clara:

Todavía queda responder cómo motivar a las personas para obtener su mejor contribución. Y la respuesta empieza con lo que Goldratt ya nos dijo: las personas están internamente motivadas, son los conflictos del sistema los que desmotivan.

En las ideas de Goldratt vemos directamente cómo lograr mejor sincronización. Muy coincidentes son los planteamientos de Pink y Sinek, donde se enfatizan la seguridad y valores humanos, emociones que entusiasman.

La teoría de las restricciones es enfoque: hacer lo que se debe y no hacer lo que no es necesario.

Acerca de qué hacer para lograr el mejor trabajo de sus empleados, puedo sugerir aquí algunas ideas:

- Eliminar todos los esquemas de bonos por productividad individual y adecuar los salarios a un pago de mercado o un poco superior.
- Nunca despedir a alguien porque sobra. Ya sabemos que los amortiguadores son necesarios para mantener el flujo. Y a veces se reduce la demanda y parece buen negocio despedir gente. Sin embargo, la productividad de los que quedan es mucho menor al reducirse su confianza. Al respecto, Goldratt decía que la lealtad es una calle de doble sentido. Es tarea de los gerentes usar su capacidad para generar diferenciaciones que resuelvan este tema. Puede ser expresado explícitamente como una declaración y practicado creativamente en casos extremos[69].
- Proveer de un propósito a cada persona en la

---

69. https://www.barrywehmiller.com: Esta es una compañía estadounidense que perdió un 30% de sus ventas en la crisis de 2008. Decidieron no despedir a nadie, pero requerían reducir el gasto. Ofrecieron vacaciones extra sin pago por cuatro semanas, intercambiables unos con otros. Los que podían permitirse más, se las cambiaban a quienes no querían reducir su salario. Lograron reducir el doble del objetivo y nadie fue despedido por exceso de capacidad. La historia la cuenta Simon Sinek en: https://www.youtube.com/watch?v=lmyZMtPVodo.

organización, mostrándole que su trabajo tiene un objetivo claramente alineado con el de la empresa. En TOC tenemos una herramienta para hacer esto: el Árbol de estrategias y tácticas. Con el mismo se puede mostrar a cada uno cuál es el sentido del trabajo del resto.

- Usar TOC para eliminar los conflictos sistémicos. Cada vez que guiamos a equipos gerenciales en esta tarea, las personas lo agradecen y es notorio como crece la motivación en toda la empresa.

Se me ocurren algunas acciones o sugerencias más, pero ya puede ver que todo se reduce a mejorar la sincronización eliminando contradicciones. Y no es diferente con las personas.

Por eso es que entrenarse en las herramientas de TOC, en especial los llamados Procesos de pensamiento, en mi opinión, genera una habilidad gerencial superior, al facilitar la práctica del pensamiento sistémico.

Mitos populares en la administración

EN MI PRÁCTICA de años analizando empresas y ayudando a equipos gerenciales a adoptar el pensamiento sistémico, he ido coleccionando creencias tan populares como falsas en administración de empresas. Varias de ellas se han expuesto en otros capítulos, pero me pareció interesante hacer una lista explícita, que puede ser usada como test para examinar el grado en que uno no reconoce la naturaleza sistémica de las empresas.

Esta no es una idea totalmente original; hace muchos años el Dr. Russell Ackoff escribió las *f-Laws*[70] de la administración. Se puede encontrar en internet, pero son distintas a estos mitos.

Daniel Kahneman, el psicólogo que fue Nobel de Economía 2002, sostiene en su libro *Pensar, rápido y despacio*[71], que nuestra mente busca siempre un atajo, que razonar cuesta trabajo. También dice que son muchas las ilusiones que intentan engañar a nuestra lógica, y muchas veces con éxito. Habrá visto usted más de una ilusión óptica. Cuando uno ya sabe el truco no se deja engañar, pero los ojos siguen viendo la ilusión. El hecho de saber no cambia la percepción.

> Todas las creencias que describo aquí son como esas ilusiones; uno puede entender por qué son falsas, pero siguen "intentando engañarnos".

---

70. *f-Law* es un juego de palabras entre *law*-ley y *flaw*-error. "Verdades acerca de las organizaciones que desearíamos negar o ignorar –guías para el comportamiento diario de gerentes simples y más confiables que las complejas verdades propuestas por científicos, economistas y filósofos" R. Ackoff.
71. *Thinking, Fast and Slow*, Daniel Kahneman, 2012.

Es una lista relativamente extensa y la dividí con la misma lógica con que hoy se dividen la mayoría de las empresas: en áreas de responsabilidad.

Operaciones

MITO 1: UN RECURSO OCIOSO ES SIEMPRE UN DESPERDICIO

Este es el primero y más profundo de los mitos, que ha conducido a los peores errores en administración. Es fuente de otras creencias falsas también, y ya lo mencioné cuando introduje el error fundamental, que es desconocer la naturaleza sistémica de las organizaciones.

Consiste en creer que la máxima productividad de la empresa se logra cuando cada una de las partes está siendo utilizada a su máxima capacidad.

Puede también expresarse como "un recurso debe estar ocupado para ser productivo".

Pero esa característica de las organizaciones que Peter Senge llama interdependencia, o lo que Russell Ackoff denominó interacciones, es que las organizaciones son sistemas, y por ser sistemas, esta creencia es falsa en ese caso. Algunos de los errores típicos que se cometen por creer en este mito son:

- Equilibrar las capacidades de recursos en un flujo productivo. Esto solo lleva a reducir la capacidad total del sistema.
- Despedir personal cuando se ve que le sobra tiempo. Se ha conocido con nombres más elegantes como "racionalización", pero esto lleva a tres consecuencias nefastas: se logra el efecto de equilibrado de capacidad ya mencionado; se incentiva el comportamiento de llenar el tiempo para mostrarse ocupado, reduciendo todavía más la capacidad; y se daña la percepción de seguridad que, como dijo Sinek (ver capítulo anterior), es condición para inspirar confianza y colaboración, logrando lo contrario a lo que se buscaba.
- Aumentar lotes en todo tipo de operaciones. Lotes de producción para reducir tiempos de preparación;

lotes de transporte para reducir costo de flete; lotes de compra para reducir costos de abastecimiento. Cada vez que se incrementa un lote, crece el tiempo que estamos programando por anticipado. El error es intentar pronosticar con exactitud lo que ya sabemos que es incierto, agotando las reservas de la organización para reaccionar a la incertidumbre.

- Utilizar la capacidad hoy, incluso si no hay demanda inmediata, solo para reducir el costo medio, lleva a construir inventarios que drenan la caja.

MITO 2: MIENTRAS ANTES EMPIEZO, ANTES TERMINO

Pareciera que esto es obvio, pero la mayoría de las veces es falso. En la mayoría de las ocasiones, para terminar antes hay que empezar después. Esto se debe a que la capacidad es limitada. Si intento hacer dos o más tareas simultáneamente, lo que llamamos en TOC *mala multitarea*[72], la velocidad total de ejecución puede reducirse entre 30 y 90%. Es decir, si no desperdicio mi capacidad con mala multitarea, podría hacer entre 50% y diez veces más trabajo con la misma capacidad.

Usted podría creer que exagero con las diez veces, pero esta fue la mejora que observó uno de nuestros clientes en la India. Es una empresa sueca de ingeniería, y la división de la India, que atiende a la armada india en el mantenimiento de los submarinos, logró exactamente esto: en unos nueve meses fue mejorando hasta lograr diez veces más proyectos terminados por mes, sin más personal.

Si quiere experimentarlo de primera mano propongo hacer este ejercicio:

- Consiga una hoja de papel y un cronómetro.
- En la hoja de papel debe escribir tres columnas: las letras de la A a la Z, al lado los números del 1 al 26, y al lado una secuencia de cuatro figuras (ej.: cuadrado, círculo, triángulo, estrella).
- Hágalo dos veces lo más rápido que pueda y mida el tiempo.

---

72. Mala multitarea: abandonar una tarea para iniciar otra y abandonar la segunda sin terminarla.

- La primera vez hágalo cambiando de columna cada tres movimientos, es decir, escribe tres letras, después tres números y tres figuras, y vuelve con tres letras, y así hasta terminar.
- La segunda vez haga todas las letras primero, después todos los números y después todas las figuras.

Note que la segunda vez estoy pidiendo que números y figuras se posterguen. Vea qué resultado obtiene. ¿Cuándo entregó antes las figuras? ¿Cuando empezó antes o cuando después?

Este mito lleva a muchas empresas a desperdiciar mucha de su capacidad. Recuerdo un caso dramático en una empresa de ingeniería donde yo trabajé en el área de control de proyectos. El gerente del proyecto pedía que todos iniciaran lo antes posible todas las tareas, porque así se aprovechaba al máximo la capacidad y se lograba entregar antes. Pude ver las nefastas consecuencias en costos, plazos y errores de esa política, que quedaron en evidencia meses después, incluso con publicidad en la prensa.

MITO 3: EL COSTO UNITARIO MIDE EL COSTO REAL

Charles Thomas Horngren[73] debe ser el autor más recurrido en contabilidad de costos. Yo usé uno de sus libros en la universidad para estudiar esta materia. Hice una búsqueda y encontré la decimoquinta edición de *Contabilidad de costos: Un énfasis gerencial*[74], donde leo en el prefacio lo siguiente: "Este libro se enfoca en cómo la contabilidad de costos ayuda a los gerentes a tomar mejores decisiones".

Me voy a remitir a un ejercicio que presentó Goldratt en otro libro[75] y que él repitió en vivo centenas de veces. Yo también lo he presentado centenas de veces y lo he usado en cursos en línea[76]. Lo reproduzco en el anexo tal como lo presenté en mi primer libro.

---

73. C.T. Horngren (1926–2011) fue un académico de contabilidad en la Universidad de Stanford, con posgrados en Harvard y Chicago, autor de varios libros de contabilidad de costos.
74. *Cost Accounting, A Managerial Emphasis* (2015), C.T. Horngren, S.M. Datar, M.V. Rajan.
75. *El Síndrome del Pajar*, 1990, E.M. Goldratt.
76. https://www.udemy.com/course/276684/

El ejercicio está diseñado para presentar un caso que refuta la teoría de la contabilidad de costos como un medio confiable para la toma de decisiones operacionales.

El libro que mencioné antes, el de Horngren, tiene casi mil páginas, lleva muchas ediciones y los autores son representantes de lo más prestigioso de la academia mundial. Como dije, yo lo usé y le creí en su momento, porque un estudiante no cuestiona lo que le enseñan, sobre todo si viene revestido de tal aura de autoridad.

Y después conocí este ejercicio, que demuestra que la contabilidad de costos no es confiable como guía para la toma de decisiones operacionales.

Es un choque de tal magnitud que produce uno de dos efectos: el que le cree a la demostración de Goldratt pierde casi todo el respeto que sentía por la academia; y el que no le cree, y busca refugio en la sofisticación académica, pierde su oportunidad de abrir los ojos a una alternativa más simple y efectiva para administrar empresas. Me recordó a Morfeo ofreciendo la pastilla azul o la roja[77].

Años después comprendí que el choque se produjo en la misma universidad, ¡sin yo darme cuenta! En efecto, en paralelo al curso donde se aprende contabilidad de costos y se hacen ejercicios de toma de decisiones, existen otros cursos, así, en plural, donde se aprende optimización matemática.

Como ya mencioné, la optimización matemática considera los sistemas como un todo, por lo que no es de extrañar que sus resultados sean correctos.

En resumen, si uno intenta reducir al mínimo posible el costo unitario, solo logrará el máximo costo real y, como subproducto, puede hasta bloquear la operación.

La explicación es simple. Sabiendo que se requiere amortiguadores dentro de la operación, muchas de sus partes no tienen necesidad de estar ocupadas todo el tiempo. Ocuparlas en lo que no se necesita consume dinero y acumula trabajo en proceso, reduciendo la sincronización. Como la sincronización es la clave para la generación de valor en cualquier sistema, cualquier reducción de la misma reduce también el valor creado, incluso al punto de crear menos de lo que se gasta en crearlo.

---

77. *Matrix*, película de 1999.

MITO 4: MEJORAR EL LAYOUT[78]
MEJORA LA PRODUCTIVIDAD

Tal vez no sea lo más popular pero me he encontrado con empresas que dedican tiempo y dinero a mejorar el *layout*.

La frase "mejorar el *layout*" debe definirse: es el cambio de disposición para reducir tiempos de viaje o para reducir movimientos en una operación.

Como ya sabemos, la mayoría de los procesos productivos tienen suficiente incertidumbre como para requerir cantidades grandes de amortiguadores, lo que se traduce en inventario en proceso. Lo normal será encontrar que el tiempo que una pieza pasa esperando algo dentro del sistema es más de diez veces el tiempo que es efectivamente procesada.

Y el otro hecho es que la mayoría de los recursos tiene capacidad en exceso, que sabemos que es amortiguador necesario de capacidad.

Ambos hechos nos llevan a comprender que cambiar el *layout* para reducir algún tiempo de transporte o movimiento, no mejorará en nada la productividad la mayoría de las veces. Hay casos en que sí tiene sentido, pero son los menos. Muchas veces se invierte mucho esfuerzo y no se obtiene casi nada de beneficio.

Hay un caso particular que sí trae grandes beneficios y, paradójicamente, es en el sentido contrario al que se hace en la mayoría de estos proyectos. Me refiero al caso donde yo recomiendo desacoplar un proceso continuo.

El ejemplo más claro de esto es la producción de productos de alto volumen, como autos. La mayoría de estas fábricas están dispuestas para tener un flujo continuo en la planta. Esto significa que uno puede ver cómo todos los productos se van moviendo juntos: la carrocería pasa a pintura, luego se ensamblan subsistemas, como de frenos, suspensión, transmisión, eléctrico; luego se ponen los asientos e interiores, el motor, las puertas, así va tomando forma el auto.

Cuando un sistema productivo está así de acoplado, su velocidad de producción es igual a la del recurso más lento en cada momento. ¿Pero que no era el recurso restricción el que determina la velocidad

---

78. *Layout*: disposición de los recursos en un proceso productivo. Se usa la palabra en inglés por su amplio uso en general.

del todo? Eso es cierto si ese recurso restricción puede estar produciendo todo el tiempo: así sí se alcanza la velocidad promedio de ese recurso en todo el sistema.

Pero todos los recursos tienen algún momento donde producen menos que la restricción. Cada vez que esto ocurre, el sistema completo produce a ese ritmo.

En una línea de montaje de cincuenta, cien o más recursos, ¿cuál es la probabilidad de que ninguno esté más lento que la restricción? Es casi nula.

La solución es encontrar el recurso restricción de la línea y separarlo del resto, permitiendo que exista un espacio físico antes y después, donde sea posible acumular piezas, de modo que no deba parar porque otro recurso cualquiera de la línea ha bajado su ritmo.

En la mayoría de las líneas de montaje esto requiere una inversión grande para hacer el espacio, y es posible que haya que adaptarle grúas o sistemas de movimiento de material. Es decir, en este caso estamos modificando el *layout* en el sentido inverso: agregando tiempos y movimientos.

El resultado de hacer esto[79] es lograr elevar la velocidad de producción al promedio de la restricción. Con un 10% de incremento se ha logrado un 10% más de ventas, lo que paga la inversión realizada en pocas semanas.

En general, los cambios de *layout* reducen los amortiguadores de espacio y restan flexibilidad al sistema, reduciendo la sincronización.

MITO 5: REDUCIR TIEMPOS DE PREPARACIÓN SIEMPRE TRAE BENEFICIOS

Esta es una variante específica de la misma idea anterior. Cuando el tiempo de preparación que se reduce es en un recurso no restricción, no se ha logrado incrementar en nada la velocidad de producción del sistema, y ha costado tiempo y dinero, por lo que, en general, es perjudicial.

Esta es una actividad que trae beneficios cuando está guiada por un programa de mejora sistémica, que diga cuándo un tiempo de pre-

---

79. El único caso que conozco me lo refirió el mismo Goldratt, cuando hicieron algo así en General Motors y se incrementó la capacidad en aproximadamente 30%.

paración más corto incrementa la productividad, que suele ser en la restricción.

MITO 6: MIENTRAS MÁS DETALLADO EL CONTROL, MAYOR CONTROL SE LOGRA

Algo de sentido común es que necesitamos un programa para poder controlar la operación. Esto es válido en una producción y también en un proyecto.

La tendencia general es a detallar el programa a un punto que nos permita después controlar la ejecución.

Lo que no se reconoce es que cuando me veo forzado a reprogramar, en ese momento he perdido el control. Veamos qué obliga a reprogramar.

Ya sabemos que en la realidad hay mucha variabilidad e incertidumbre. Desde el punto de vista del programa, la incertidumbre se manifiesta en que no sabemos exactamente cuánto demorará un proceso en particular.

Por ejemplo, tenemos que programar diez órdenes que demoran unas dos horas cada una. Y trabajamos ocho horas al día, por lo que sabemos que las diez órdenes demorarán aproximadamente dos días y medio.

El significado de la variabilidad es que esas dos horas en promedio por orden pueden ser 90 minutos en una y 150 minutos en otra. Si queremos hacer un programa que permita el control, podríamos hacer una lista con las diez órdenes y poner una hora exacta para cada una, para saber en qué hora debería estar ejecutándose cada orden.

Cuando han pasado seis horas, esperamos encontrar la orden cuatro empezando. Es muy probable que encontremos la orden tres todavía en ejecución, o que la cuatro ya lleve un rato.

Si a esto le agregamos que la siguiente máquina también tiene una lista con horas, coincidiendo con las horas de término de la anterior, y así sucesivamente con varias máquinas en secuencia, es casi imposible que ese programa se pueda seguir por más de medio día. Es el momento de reprogramar, es decir, reconocer que hemos perdido el control.

La evidencia nos muestra que mientras más detallado el programa, menos control tenemos.

La solución es la que ya describí en el capítulo de operaciones. Programar las órdenes y no los recursos. Programar por grupos de órdenes en qué momento se inicia el primer proceso y desde ahí permitir que se trabaje lo más rápido posible. Como hemos liberado las órdenes con amortiguadores de tiempo, el control es simplemente decidir en qué secuencia se procesa en cada recurso basado en el código de colores.

Este programa no cambia nunca y permite un control mucho mejor, porque controla el desempeño del todo y no de cada parte por separado. Más bien, permite controlar la sincronización, interviniendo donde se requiere para mantenerla y, mejor todavía, no interrumpiendo el flujo cuando no se requiere intervención.

Es decir, hemos logrado más control con menos detalle en el programa.

Una versión un poco más sofisticada se aplica en los proyectos, pero los principios son los mismos.

Marketing

MITO 1: ES POSIBLE CONSTRUIR UNA VENTAJA SOSTENIBLE BASADA EN COSTO

Este mito debería estar ya sepultado por la experiencia de todos nosotros, pero como fue enseñado durante años como parte de las estrategias posibles (ser líder en costo), lo abordaré aquí brevemente.

En primer lugar, lo que determina el valor de un producto o servicio es la combinación de tres cosas: el precio, la calidad y el servicio asociado.

La calidad es simplemente cumplir con los requisitos que el consumidor está demandando.

El servicio tiene que ver con la entrega, que puede ser en una fecha futura prometida o de entrega inmediata.

El precio es el menor que cumpla con esas dos condiciones anteriores.

Por ejemplo, si quiero comprar un par de alicates para mi casa, como no uso herramientas con frecuencia, es muy posible que la calidad adecuada a mi necesidad sea baja: francamente no me importa si se me rompe en el uso número veinticinco, algo inaceptable para un uso profesional. Por lo tanto, no estoy dispuesto a pagar una calidad superior.

Pero si yo trabajo con alicates, el más barato no me sirve.

Puedo también hacer la misma reflexión con el servicio. Si conozco una marca de alicates que cumple con mis necesidades de calidad y precio, pero no lo encuentro fácilmente, tal vez pagaré un poco más por el que sí pude encontrar.

La calidad y el servicio son, de lejos, los factores no lineales más relevantes a la hora de elegir. Y los precios de las alternativas equivalentes están siempre muy cerca uno de otro.

Tener una "ventaja" en precio significa erosionar los márgenes al punto de tener que sacrificar calidad o servicio. Y esto no es competitivo, por eso lo entrecomillé.

Cuando una nueva tecnología permite reducir los costos de producción significativamente, tiene sentido bajar el precio y ganar mercado, mientras los competidores imitan la mejora. En este caso, más que líder en costo, uno sería líder en innovación.

A nuestros clientes siempre les digo que no den descuentos (siempre que el precio ya sea de mercado), más bien construyamos una ventaja real, basada en un servicio de mayor valor real.

MITO 2: EL ENTORNO EXTERNO ESTÁ EN CONSTANTE CAMBIO

He escuchado muchas veces "lo único constante es el cambio". Ingeniosa frase, que aplicada a *marketing* llevaría a estar modificando la oferta continuamente, lo que requiere mucho esfuerzo. Pero, ¿es cierta?

Pensemos en las necesidades que ya hemos examinado. Por ejemplo, la confiabilidad es una necesidad que nunca dejará de ser relevante. Y si construimos una oferta basada en satisfacerla, no es necesario estar cambiando la oferta continuamente.

Las necesidades significativas de las que hablé en otro capítulo son elementos constantes. Por lo tanto, siendo que elementos tan relevantes son constantes, el entorno externo no está en constante cambio en lo esencial.

MITO 3: MIENTRAS MÁS DIFERENCIAS POSITIVAS, MÁS COMPETITIVA ES *LA OFERTA*

No pocas veces he tenido esta conversación con gerentes. Hemos visto que una necesidad que es muy significativa en su mercado no está siendo satisfecha y ejecutamos cambios en la operación para satisfacerla. Ahora podemos construir lo que podemos llamar con propiedad una ventaja competitiva.

Construir la ventaja no es tarea fácil, como ya ha visto en el capítulo donde explico varias alternativas.

Pero venderla es el verdadero desafío.

En las compañías no están acostumbrados a tener una ventaja competitiva que los distinga del resto. Y muchas veces el mercado tampoco lo espera. Después de todo, son muchos años sin ofrecer lo que ahora queremos ofrecer como novedad.

Diseñar la oferta, y la comunicación, y comunicarla sin caer en distractores, es difícil. A veces les parece tan difícil que me dicen que se necesita otra cosa más para hacerla todavía más atractiva.

Si ya tenemos una ventaja competitiva basada en un concepto (confiabilidad, mayor rotación, menor riesgo, etc.), bien presentada debe ser suficiente. Si no lo fuera, no es cierto que la necesidad era tan significativa.

No me malentienda: prefiero todo lo positivo… pero si no me distrae de lo esencial.

Es tan difícil construir, capitalizar y sostener una ventaja, que la tentación es grande para buscar otros diferenciadores. Y el problema con esto es que cualquier distractor puede, y casi seguro lo hará, poner en peligro toda la ventaja.

Si hemos hecho bien el trabajo, es decir, si identificamos una necesidad significativa, construimos la capacidad de satisfacerla a un nuevo nivel muy superior, diseñamos bien la oferta, diseñamos bien la comunicación y trabajamos en la prospección y presentación al mercado objetivo relevante, si hemos hecho todo esto, no es verdad que otro atributo positivo haga nuestra oferta más atractiva de lo que requerimos para crecer.

Ventas

MITO 1: EL OBJETIVO DEL PROCESO DE VENTA ES VENDER

Esta es una frase un poco capciosa. Obviamente más ventas provienen de un buen proceso de venta.

Lo que es falso, en mi opinión, es que es exitosa una gestión de venta si el prospecto ha comprado algo que no le convenía a él.

Yo prefiero decir que el objetivo del proceso de venta es que a uno le compren. Además, reitero, a ninguno nos gusta que nos vendan, pero nos encanta comprar.

El proceso de venta consiste en presentar la oferta de un modo que el prospecto se entusiasme por el beneficio que obtendrá comprando. Y para que esto sea efectivo, el beneficio debe ser cierto y contundente.

MITO 2: LA PERSUASIÓN ES UN ARTE CON EL QUE SE NACE

Por lo que dije en el mito anterior, creo que esa personalidad carismática y atractiva, con la que nacen algunos, y que es el estereotipo del buen vendedor, no es condición necesaria para vender bien.

La persuasión se facilita mucho si uno realmente vende algo que genera un gran beneficio real. Y para presentar ese tipo de ofertas, es posible entrenar a la mayoría de las personas. Yo lo he hecho, con pocas excepciones. Un buen vendedor se hace.

MITO 3: LOS VENDEDORES DEBEN SER BUENOS NEGOCIADORES

Nuevamente vemos que la idea es manejar objeciones o negociar condiciones como atributos de un buen vendedor.

Cuando la oferta es realmente buena, y está bien presentada, no es necesario negociar, porque siempre habrá más compradores de los que requerimos para llenar la capacidad de un periodo. Y no necesitamos ganarlo todo. Negociar significa reducir los beneficios para la empresa, y esto es mala gestión si la capacidad se mantiene llena con las ventas en condiciones normales.

MITO 4: LAS COMISIONES INCENTIVAN CORRECTAMENTE A LOS VENDEDORES

Este fue un punto ya abordado al exponer acerca de la motivación.

¿Cuándo pagaría yo comisiones por venta? Cuando el vendedor decide qué, a quién, cuándo y cómo ofrecerá productos. Es decir, cuando el vendedor actúa como agente independiente. Y puede ser empleado de la empresa, pero se comporta como si fuera un agente independiente. Así debe entenderse a continuación.

El problema con este esquema es que un agente independiente tiene claros conflictos de interés con la empresa en términos de las condiciones que ofrecerá a los clientes. Al agente le conviene reducir el margen para aumentar el volumen, y nunca ese descuento resta solo a la comisión. También le conviene ofrecer toda clase de garantías y plazos más cortos.

Pero lo peor es que los agentes compiten entre sí por los clientes. Trabajo en equipo es una frase que se usa mucho, precisamente porque falta.

Sin embargo, si la fuerza de ventas es parte integrante de la empresa, con una clara función en la cadena de valor comercial[80], una compensación fija es lo más adecuado[81].

MITO 5: MIENTRAS MAYOR LA MAGNITUD DEL CAMBIO, MAYOR LA RESISTENCIA

Para demostrar la falsedad de esta afirmación, Goldratt hacía un experimento en público. Decía primero que elegiría al azar a un voluntario y le propondría un cambio descomunal. Tan grande que cambiaría su relación con todos sus conocidos. Familia, amigos, trabajo, etc. Y mediremos el tiempo que demora en aceptar o rechazar la propuesta.

Elegimos a alguien y le ofrecemos el número premiado de una lotería que paga USD100 millones. Y antes de que acepte tan rápido, le hacemos notar las consecuencias en su vida de recibir este premio. Y siempre lo aceptaban en menos de un segundo.

No es el cambio lo que produce resistencia. Es la incertidumbre que trae consigo el cambio. Nadie resiste la mejora, y toda mejora es un cambio. Pero todos tenemos suficiente experiencia para saber que pocos cambios son reales mejoras.

MITO 6: ES LÓGICO QUE MAYOR VOLUMEN TENGA MAYOR DESCUENTO

Más barato por docena es un lugar común.

Cuando se trata de decidir si uno acepta un pedido especialmente

---

80. Justin Roff-Marsh es un experto australiano en TOC que ha desarrollado la idea de reingeniería de la función comercial, usando el concepto de división del trabajo. Unos diseñan la oferta y la comunicación, otros hacen prospección, otros agendan citas, otros ejecutan las citas y un Servicio al cliente atiende pedidos específicos y resuelve problemas.
81. Un salario de mercado o un poco más, y un ambiente estimulante, donde se siente la seguridad de trabajar en una empresa sólida que crea real valor, es suficientemente motivante.

grande, hay ciertas consideraciones que hacer para decidir el precio.

¿Qué es un pedido muy grande? Digamos que produzco y vendo cosas que tienen un plazo normal de veinte días de entrega. Si alguien quiere comprarme un volumen equivalente a cuarenta días de producción, eso es grande. Ante ese volumen, muchos gerentes estudian un precio más bajo para ganarse la propuesta.

Aceptar la propuesta significa que durante cuarenta días estaré pagando los costos de producir para producir el volumen de esa orden.

Y esto me asegura que tengo cuarenta días de gasto ya cubiertos, lo que produce tranquilidad… por unas semanas.

También significa que al resto de los clientes debo postergarlos por más del doble del plazo habitual. Y eso podría poner en peligro ventas futuras.

Como ya sabe, yo parto de la premisa de que siempre es posible tener una ventaja competitiva. Si la tengo, lo normal será que nunca me falten los pedidos. Si tengo entre diez y quince días de carga comprometida, mi plazo de veinte días será confiable y sostenible.

Si acepto la orden con descuento, durante cuarenta días he reducido el margen bruto en la misma proporción, mientras que los gastos siguen iguales. Esto erosiona la utilidad de ese mes en tres a cinco veces el descuento, o más. Y si además pone en peligro el servicio a otros clientes, es muy posible que solo convenga aceptar ese pedido por un incremento en el precio.

Cuando uno reconoce sus restricciones, entiende qué determina la rentabilidad del negocio. Cuando la capacidad es limitada, no conviene dar descuento por volumen.

Distribución

MITO 1: SE REQUIERE MAYOR INVENTARIO
PARA OFRECER MEJOR DISPONIBILIDAD

Ya expliqué en otro capítulo cómo se determina el inventario necesario para ofrecer disponibilidad. Y el factor más relevante era el tiempo de reposición.

A mayor tiempo de reposición, mayor inventario. Pero si se reduce el tiempo de reposición, el inventario también se reduce.

Esa creencia supone que uno no puede hacer nada con el tiempo de reposición. Y ya vimos que se puede hacer mucho para reducirlo.

La creencia es falsa.

MITO 2: MIENTRAS MÁS CERCA DEL CONSUMIDOR ESTÉ EL INVENTARIO, MEJOR

Esta creencia se basa en una realidad. Si no hay disponibilidad, no hay venta.

Sin embargo, si uno mantiene la mayoría del inventario en un centro de distribución, y solo repone a diario lo que se consume en las tiendas, la disponibilidad es mejor y el inventario total en la cadena es menor.

Así que lo contrario es lo correcto. Es mejor mantener la mayor parte del inventario más lejos del consumidor, donde la incertidumbre es menor.

MITO 3: REPONER LOTES PEQUEÑOS REDUCE LA EFICIENCIA LOGÍSTICA

Esto puede ser verdadero si uno mide la eficiencia logística como el costo de la función logística por unidad de producto movido.

Pero si medimos el costo por cada producto vendido, podemos tener una sorpresa.

Con todas las explicaciones dadas ya, es claro que los lotes grandes incrementan el tiempo de reposición, los inventarios y los errores del inventario. Estos errores son exceso de inventario de muchos productos y faltante de inventario de algunos.

El exceso impide que se muevan más productos, más rápidamente.

Los faltantes reducen las ventas.

Si reducimos los lotes en todos los eslabones de la cadena de suministro, reduciremos el inventario, sus errores, agilizando el movimiento y aumentando las ventas.

Podemos terminar moviendo menos unidades, vendiendo más y a menor costo logístico por unidad vendida.

Por último, muchas veces me dicen que no se puede enviar una caja en un camión; es antieconómico. Entonces yo pregunto cuántas veces va un camión a la tienda, y es una vez al día la mayoría de las veces.

Si va un camión lleno una vez al día, y en la tienda no se acumula infinito inventario, quiere decir que se vende el equivalente a un camión al día. Por favor, ahora envíen el camión con pocas unidades de muchos productos: los que se vendieron el día anterior.

¡Ah, pero el *picking* se multiplicará!... Bueno, no quiero asustar a nadie, pero si hay que trabajar, espero que trabajen.

Estrategia

MITO 1: ES NECESARIO CONOCER LAS FORTALEZAS INTERNAS ANTES DE FIJAR EL RUMBO

Reconocerá en esta frase la técnica conocida como FODA[82], y también habrá visto que el énfasis de este libro está en crearse las condiciones que uno quiere para generar estabilidad, crecimiento y sostenibilidad.

Lo primero es decidir qué necesidad del mercado vamos a satisfacer. Y después decidiremos qué capacidades internas necesitamos. Si no las tenemos, las construimos.

Hasta ahora nunca hemos requerido apoyarnos en una fortaleza interna para construir lo que se requería para competir. Ese es un análisis muy estático, que presupone que la empresa no puede construir lo que le falta.

El rumbo se fija mirando hacia afuera, no hacia adentro.

MITO 2: LA COMPETENCIA ES UN JUEGO DE SUMA CERO

Afortunadamente esta creencia es cada vez menos aceptada, pero todavía hay gerentes que toman decisiones como si la creyeran cierta.

Sería de suma cero si no hubiera más valor para crear, si hubiera que repartirse lo que hay.

Como yo creo que el conocimiento crea valor (no automáticamente), y el conocimiento es ilimitado, entonces yo creo lo contrario.

Y la evidencia de los últimos dos mil años lo demuestra.

MITO 3: ES IMPORTANTE ESTAR ATENTO A LAS OPORTUNIDADES PARA APROVECHARLAS TODAS

Esta creencia se parece a la que comenté de *marketing*, donde otro atributo positivo podría mejorar el atractivo de la oferta.

En este caso creemos que toda oportunidad que se presente no lo hará de nuevo, así que debemos aprovecharla mientras está a nuestro

---

82. FODA: fortalezas, oportunidades, debilidades, amenazas.

alcance. Por ejemplo, un gran pedido que copa nuestra capacidad por cuarenta días.

La mayoría de las veces, las oportunidades desvían la atención y nos desenfocan. Cuando perdemos foco, la organización pierde sincronización.

Si mantenemos el foco en nuestra ventaja competitiva, las oportunidades correctas nos encontrarán preparados para aprovecharlas.

MITO 4: SON MUCHOS LOS FACTORES INDEPENDIENTES QUE DETERMINAN UNA ESTRATEGIA

A mayor complejidad, menos son las restricciones relevantes, porque todo está interconectado. No se puede afectar un elemento sin afectar a muchas otras partes del sistema.

Como las restricciones determinan el nivel de desempeño, son muy pocos los factores independientes que determinan la estrategia.

Y siempre es construir una ventaja competitiva y todas las capacidades para capitalizarla y sostenerla en el tiempo. Y repetir este proceso agregando otra y otra, a medida que los procesos se estandarizan en la empresa.

Finanzas

MITO 1: MAYOR RENTABILIDAD IMPLICA MAYOR RIESGO

Una ventaja competitiva se basa en hacer una oferta que tiene tres características: satisface una necesidad significativa de un modo muy superior; es muy difícil de imitar; y no requiere incurrir en riesgos elevados.

El ejemplo que he usado repetidamente es el de ofrecer confiabilidad. Si uno es capaz de entregar en la fecha casi siempre ya está satisfaciendo la necesidad. Pero si ofrece una multa elevada (por ejemplo, 3% diario), es muy difícil de imitar si no sabe cómo lograrlo. Y si lo logra casi siempre, la multa no es un riesgo muy elevado.

Por otro lado, una ventaja competitiva eleva la rentabilidad de la empresa por encima del promedio del mercado.

Así hemos logrado incrementar la rentabilidad y reducir el riesgo al mismo tiempo.

MITO 2: CON UN PRESUPUESTO MÁS DETALLADO SE REDUCE EL GASTO TOTAL

Este es un caso particular del mito del control. Mientras más detalle, más control, ¿se acuerda?

En este caso le pedimos a cada área que estime cuánto va a gastar el año próximo. Después de la estimación, se la reducimos, porque sabemos que tiene colchón de seguridad.

Este fenómeno se repite por tantos niveles se pida la estimación. Y todos ofrecerán estimaciones holgadas, porque no quieren estar en la situación de no poder operar al máximo por falta de presupuesto.

Sin embargo, también sabemos que las estimaciones son pronósticos, y contienen los mismos errores que en el caso de los inventarios: exceso o faltante.

En general, la mayoría de las estimaciones tienen más de lo que realmente se requirió, y algunas están por debajo, porque hubo sorpresas.

Por otro lado, si uno no se gasta el presupuesto aprobado, es muy probable que se lo recorten al año siguiente, por lo que la mayoría de las áreas terminan "cumpliendo" el presupuesto, aunque no lo hubieran necesitado.

Pareciera que con la última frase revelo mi desconfianza por la gran mayoría de las personas. No es así. Confío en que tienen experiencia y saben cómo administrar sus recursos. Tal vez si le digo que muchos habrían funcionado igual de bien con 10 o 20% menos, representa mejor lo que quiero decir.

Por lo tanto, mientras más detallado el presupuesto de la empresa, mayor será el gasto total.

Hay alternativas a esta práctica tan extendida, y tan cara en tiempo y dinero. Pero hay que abandonar la ilusión del control.

Eliminando contradicciones

LA CLAVE DE la productividad en los sistemas es la sincronización. Mayor sincronización genera más productividad.

La productividad se define como la cantidad de valor que se crea por unidad de esfuerzo. En particular, en las empresas el valor creado se mide en tasa de transferencia efectiva[83] y el esfuerzo en inventario y gasto de operación.

Cualquier incremento de sincronización se verá reflejado en mayor productividad. El concepto es simple.

Podemos detectar qué resta sincronización en un sistema a través de los síntomas de falta de sincronización. Un síntoma es siempre algo visible que nos molesta por ser evidente que bloquea más valor o porque incrementa los esfuerzos.

En un sistema, los síntomas son siempre hechos que molestan de algún modo. En esto tenemos una intuición muy buena, porque sabemos lo que queremos, aunque cometamos errores en cuanto a los medios para conseguirlo. Veremos que esto último es precisamente donde está la salida del laberinto.

> Llamaré hechos indeseables a estos hechos que son evidencia de falta de sincronización.

Ejemplos de hechos indeseables son: tenemos agotados en las tiendas, tenemos exceso de inventario, atrasamos las entregas con frecuencia, y otros hechos observables que son evidencia de que algo no está bien.

---

83. La tasa de transferencia efectiva (equivalente al inglés throughput) corresponde al ingreso por ventas menos lo que costó la materia prima necesaria. La definición más específica la incluí en un capítulo anterior; aquí solo me interesa el concepto.

El origen de los hechos indeseables

Estos hechos que nos molestan siguen estando ahí porque no hemos podido eliminarlos. Lo hemos intentado con alguna acción. Y esa acción mitigó o eliminó el hecho, pero generó otros hechos de igual o peor carga negativa, lo que nos obliga a tomar la acción contraria.

Es decir, a pesar de nuestra mejor voluntad, no podemos eliminar el hecho mientras no se elimine esa contradicción entre las acciones.

> El origen de un hecho indeseable siempre es una contradicción.

Ahora la pregunta relevante que podemos hacernos es: ¿existen contradicciones imposibles de eliminar?

Para respondernos, debemos hacer una distinción entre objetivos y acciones.

Si la contradicción está en los objetivos, es probable que no se pueda eliminar, pero en ese caso tampoco existe un sistema.[84]

Si la contradicción está entre dos acciones, siempre es posible eliminarla. Este es uno de los principios o axiomas sobre los que el Dr. Goldratt fundó su filosofía, la teoría de las restricciones.

Una vez tuve la experiencia personal de vivir en carne propia esta creencia de Eli (así le decíamos sus amigos). Yo era el director de un proyecto con una empresa manufacturera, y por ocho meses habíamos tenido la entrega de productos sobre 98% a tiempo y, al mismo tiempo, había cerca de 30% de las órdenes en color rojo. Como yo sabía, con más del 20% en color rojo el sistema está inestable y, con el sistema de TOC, eso produce más atrasos que 2%.

Viajamos a Israel con los gerentes de la empresa a una revisión del proyecto, donde el Dr. Goldratt podía atender varias empresas en una sola semana. Y me reuní con él para informarle del estado del proyecto.

Yo estaba muy contento con el 98% pero me intrigaba el 30% de rojos. Por meses busqué la causa y finalmente empecé a creer que, en este caso particular, 30% era estable... La mirada de Eli me dijo más

---

84. Un sistema tiene un solo objetivo primario. Si dos de sus objetivos secundarios, lo que llamamos prerrequisitos o condiciones necesarias, fueran contradictorios, eso aniquila el objetivo primario. Esto es fácilmente demostrable.

que sus comentarios acerca de mi falta de rigurosidad: si yo sé que 30% es inestable, y tengo un 98% de entrega a tiempo, hay algo que no sé. El hecho indeseable es la inestabilidad, pero esconderse detrás del buen resultado no provocó una buena reacción en Eli.

Tuvimos una reunión con los gerentes y en una hora el misterio estaba resuelto. Eli no aceptó la contradicción y preguntó qué hacían para lograr la entrega a tiempo de las órdenes que estaban por atrasarse.

Ahí dijeron algo que no me habían dicho nunca a mí. Todos los días se reunían a las 7 a.m. para elegir las órdenes que se procesarían en un centro de trabajo que era restricción. Cambiaban la programación, no seguían estrictamente el sistema de colores y resolvían los atrasos con mucho más esfuerzo.

Eli me aclaró que ese era el único caso así que él había visto en treinta años, pero que eso no me excusaba a mí de haber hecho bien el análisis desde el principio. Si yo no me hubiera conformado con el buen resultado, teniendo todos los datos frente a mí, habría deducido en pocos días lo que estaba pasando. Después de esa reunión, modificamos el sistema de colores para tener en cuenta ese caso y la empresa eliminó la reunión de las 7 a.m. y las reprogramaciones. Se incrementó la producción en un 10% inmediatamente y se redujo el esfuerzo adicional desplegado para lidiar con la contradicción.

La contradicción era la siguiente: o seguimos el sistema de colores (y nos atrasamos), o no lo seguimos en ciertos casos. El conocimiento de una condición muy particular de esa empresa (que no he vuelto a ver de nuevo), llevó a modificar el sistema de colores para esa circunstancia. Se eliminó la contradicción: ahora se sigue el sistema modificado y no hay atrasos, y las órdenes rojas bajaron al 15%-20% esperado.

En los años posteriores a esa experiencia tuve varias otras oportunidades de observar inconsistencias y esa lección me sirvió para mantener la disciplina de seguir pensando hasta eliminar las contradicciones. Siempre fue posible.

Es imposible demostrar que todas las contradicciones pueden eliminarse. Es la creencia de que es posible hacerlo la que empuja a buscar el conocimiento para eliminarlas.

Isaac Newton ya había escrito acerca de esto en su obra magna[85], en el libro III – Sistema del Mundo, establece las que él cree son las reglas fundamentales para razonar en filosofía (o ciencia). Una de ellas dice que la naturaleza es *esencialmente simple y armoniosa consigo misma*. Esto significa que no encontraremos contradicciones en la naturaleza. Y si nuestra observación es que existe una contradicción, es falta de conocimiento. Así es como los científicos avanzan en el conocimiento al observar la naturaleza.

Genrich Altshuller desarrolló un sistema para inventar metódicamente, llamado TRIZ, por sus siglas en ruso. TRIZ es la teoría inventiva de resolución de problemas, y está explicada en un libro[86] fácilmente disponible. Al final del tercer capítulo dice: "El inventor debe encontrar y contradicciones técnicas".[87]

Como ve, hay una gran coincidencia entre los científicos acerca de este principio.

> Las contradicciones pueden y deben ser eliminadas con conocimiento.

Las transigencias ya no tienen cabida si uno acepta este principio. Las transigencias solo preservan la contradicción, el conflicto.

La educación actual, e incluso a nivel social y político, tiene como uno de sus valores la capacidad de lograr acuerdos.

Mi problema es que los acuerdos se basen en transigencias. Si uno acepta lo que he escrito aquí, los acuerdos nunca pueden basarse en transigencias; los acuerdos surgen de un mejor entendimiento y de avanzar en el conocimiento, eliminando las contradicciones, no aceptándolas.

No tiene sentido que alguien se ponga de acuerdo con otro en que el punto de ebullición del agua es 95°C. Uno dice que es 90°C y el otro dice 100°C. Ambos lo han medido con termómetros. ¿Es razonable decir que es 95°C? Primero verificamos que los termómetros estén bien calibrados, o usamos solo uno de ellos. Y después verificamos que las condiciones sean las mismas. Si uno de ellos lo mide en la costa y el

---

85. *Philosophiae Naturalis Principia Mathematica*, Isaac Newton, 1687.
86. *And Suddenly the Inventor Appeared*, Genrich Altshuller, 1994.
87. Ibíd., cap. 3.

otro en Santiago (700 metros más alto), es muy posible que ambos hayan medido bien, pero ahora entendemos algo acerca de la naturaleza. La temperatura de ebullición depende de la presión. Este conocimiento hace desaparecer la aparente contradicción. La transigencia habría dejado en la oscuridad a ambos. Ahora los dos saben más.

Cuando estamos hablando de organizaciones, compuestas por seres humanos, el conocimiento de las ciencias naturales no es suficiente.

Tipos de conocimiento

En el ejemplo de la temperatura de ebullición hay un conocimiento de cómo se comporta la naturaleza. Ese comportamiento no puede ser alterado por el ser humano. Podemos decir que este es el primer tipo de conocimiento, el de las leyes que rigen la naturaleza.

Hay un segundo tipo de conocimiento, que se compone de leyes que rigen una parte de la naturaleza: los seres humanos. La particularidad de estas leyes es que existen pero los seres humanos pueden desobedecerlas. E incluso pueden dictarse leyes positivas que las contradigan, aunque las leyes no cambien.

Un ejemplo de estas leyes es lo que en economía se conoce como *ley de oferta y demanda*[88]. Cuando uno ignora esta ley, y fija un precio distinto al que resulta del equilibrio, o bien algunos consumidores quedan insatisfechos, o algunos productores quedan insatisfechos. Un precio fijado arbitrariamente es una transigencia que se inclina hacia alguno de los lados. No resuelve la contradicción y preserva el conflicto, generando no solo uno, sino muchos hechos indeseables.

Algunos podrán argumentar que el precio de equilibrio no se alcanza en casos de monopolio, o si no hay suficiente información. De acuerdo. Eso no invalida la ley, lo que hace es introducir elementos que demandan más conocimiento.

Hay un tercer tipo de conocimiento que atañe al ser humano, que teniendo relación con el segundo tipo, se distingue de él en el ámbito de aplicación.

El conocimiento del segundo tipo es externo a cada persona; las cosas ocurren independientemente de la intención de cada uno.

---

88. Esta ley dice que el precio de un producto o servicio se ajusta dependiendo de cuánto sea la oferta y cuánta la demanda. A misma oferta, mayor demanda incrementa el precio y viceversa.

El tercer tipo podría tipificarse por la filosofía como teleológico, es decir, conocimiento acerca del ser humano en función de su fin último. Podemos identificar con este tipo de conocimiento a la ética, ese conocimiento de lo bueno y lo malo en el sentido de que el hombre se perfecciona o se hace menos humano.

Personalmente creo que existe un conocimiento objetivo, totalmente racional, que puede llamarse ética, y que nos indica cuál es el mejor comportamiento, o sea, qué comportamiento me llevará a ser más feliz, porque la felicidad se basa en realizar mejor el fin último.

Es en este campo donde se observa la mayor cantidad de las transigencias en la vida social. Y por tanto, ¡qué sorpresa!, ya sabemos el origen de la abundante evidencia que observamos a nuestro alrededor que nos hace exclamar que el mundo está muy dañado. Los hechos indeseables abundan. En la religión judía existe este objetivo de reparar el mundo (tikún olam[89]), y el Dr. Goldratt decía que el mundo está tan mal que no puede ser muy difícil mejorarlo, aunque sea un poco.

¿Es posible eliminar las contradicciones que surgen al ignorar los dos tipos de conocimiento que conciernen directamente y solamente a los seres humanos? Ignorando conocimiento no se eliminan contradicciones, pero yo creo que sí es posible alcanzar ciertos niveles de acuerdo en materias básicas que permitan una convivencia pacífica.

Distinción básica entre objetivos y acciones

Ya hice esta distinción antes para explicar a qué nivel no es posible eliminar las contradicciones.

Ahora quiero profundizar más en la distinción como medio para construir un método sistemático de eliminación de contradicciones[90].

Usaré ejemplos contingentes para ilustrar el método. Cuando estamos discutiendo acerca de las pensiones, unos dicen que el estado debería garantizar una cantidad mínima para pensionarse, y otros defienden el sistema de ahorro individual.

---

89. *Tikún olam*, términos en hebreo que significan "reparar el mundo".
90. Para los que conocen de teoría de las restricciones, reconocerán inmediatamente la herramienta conocida como Evaporación de Nubes en Conflicto. En este capítulo me he atrevido a proponer un mecanismo más acorde con la intuición de todo el mundo, porque he visto cómo la nube se les hace muy difícil de aprender a la mayoría.

En la primera propuesta, las acciones terminan todas en un impuesto, o una imposición.

En la segunda propuesta, las acciones terminan todas en que el desempeño laboral, la previsión y disciplina individual, determinan el monto de la pensión.

Y todas las discusiones (al menos en Chile) se centran en estos dos extremos. Y las propuestas son todas transigencias, o al menos dejan implícitos los supuestos de cada una. Y muy pocas veces se declaran los objetivos.

OBJETIVOS: UN ACUERDO NECESARIO PARA AVANZAR

Si preguntara al grupo que propone la pensión garantizada estatal, ¿para qué persigue esa opción? La respuesta me va a declarar el objetivo que tiene en mente. Supongamos que dice que su objetivo es obligar a los ricos a que paguen, para que compartan el sufrimiento de los pobres, aunque sea un poco. No sé usted, pero yo no estoy de acuerdo con ese objetivo.

Fíjese que si no estoy de acuerdo con el objetivo, nunca podré alcanzar acuerdo sobre una acción para lograrlo.

Una respuesta alternativa a la misma pregunta es para que nadie en Chile esté en tal estado de indigencia que no tenga dónde vivir, qué comer y con qué vestirse. Y este objetivo podría ser general en cualquier momento de su vida, pero lo estamos respondiendo para el periodo desde la edad de jubilación.

¿Tiene usted algún problema con este objetivo? Yo no. Recuerde que el país es un sistema. Lo que pasa en una parte tiene ramificaciones en el desempeño del todo.

Ahora le preguntamos al que opina que solo el ahorro individual debe generar la pensión de jubilación, ¿para qué persigue esa opción?

Si la respuesta es que él quiere estar bien, sin importar qué pase con el resto, también tendremos problemas con ese objetivo, porque ya sabemos que el sistema se resiente si alguna parte lo hace.

La respuesta alternativa que yo sí acepto como objetivo es asegurar que mi pensión dependa más de mi esfuerzo personal que de otros.

Si no hemos alcanzado acuerdo en los objetivos, es claro que no tiene ningún sentido tratar de lograr un acuerdo en el medio para alcanzarlos.

Pero una vez superado este paso, ahora ya tenemos puntos de referencia para la conversación acerca de los medios.

Una comprobación previa de la legitimidad de los objetivos es que ambos sean condiciones necesarias para un objetivo superior, y que tenemos en común.

En este caso, ambas condiciones son necesarias para tener una sociedad pacífica y que provea cada vez más satisfacciones. Al menos más satisfacciones que las que se obtienen de vivir aislados. Antes de crear tantas interacciones, los hombres vivían mucho más aislados que ahora, donde la mayor parte del tiempo debe dedicarse a proveerse de alimento y protección. Este es un punto que hace Matt Ridley[91], donde muestra cómo las sociedades de seres humanos evolucionaron al utilizarse ideas creadas antes, a diferencia de los animales, que no pueden transmitirse conocimientos y, por tanto, sus interacciones son mucho más limitadas.

Es decir, es necesario vivir en sociedad para aprovechar todas las ventajas de las interacciones. Y al mismo tiempo, es necesario que sea una convivencia pacífica. ¿Habrá alguien que no esté de acuerdo con estos objetivos?

VALIDACIÓN DE PREMISAS

Cuando se han acordado objetivos, la conversación está acotada. Ya es un avance.

Ahora podemos examinar las propuestas de cada uno. Estamos en esta conversación porque no hay acuerdo sobre las acciones, por lo que tenemos que examinar cada una. Y lo que he dicho es que siempre es posible eliminar la contradicción entre las acciones.

Para entender cada propuesta necesitamos conocer los supuestos o premisas que cada uno ha considerado para proponer una acción determinada.

En el ejemplo del agua en ebullición, ambas partes pueden haber tenido el falso supuesto de que la ebullición solo depende de la temperatura. Y al avanzar en el conocimiento, al aprender que también depende de la presión, el desacuerdo desaparece.

---

91. *The Rational Optimist, How Prosperity Evolves*, Matt Ridley, 2010.

Si somos capaces de conocer las premisas, podemos validar o invalidar cada una de ellas, o entender bajo qué circunstancias son o no válidas.

Un ejemplo es la contradicción típica del inventario. Más inventario para proteger ventas, menos inventario para controlar costos. Y el supuesto que se invalida es que el tiempo de reposición no puede cambiar. Las acciones se orientan a reducir el tiempo de reposición y la contradicción desaparece: se mantiene suficiente inventario para proteger las ventas, y es una inversión dentro de las capacidades de dinero y espacio de la empresa.

La pregunta para revelar supuestos es *¿por qué la acción logrará el objetivo?*

En este caso podemos preguntar, ¿por qué crees necesario garantizar una pensión mínima para lograr que los jubilados tengan alimento, refugio y ropa suficiente?

Aquí vienen respuestas, que son las premisas que debemos validar. Y en este ejercicio es donde el conocimiento del segundo y tercer tipo cobra relevancia.

Pondré algunos ejemplos de posibles respuestas a esta pregunta:

- Hay personas que tuvieron muchas lagunas laborales y no pudieron ahorrar lo suficiente.
- Es necesario asegurar una jubilación digna.

Estoy usando estos como ejemplos de análisis, y no pretendo en este libro tener un diálogo conmigo mismo para que todos estén de acuerdo. Esto me recuerda la broma (¡es broma!) de la mujer que le dice a su marido: "Cuando quiera tu opinión, yo te la doy".

El primer supuesto es cierto bajo ciertas circunstancias y puede ser invalidado bajo otras. Si el país tiene un crecimiento sostenido, y las empresas van aumentando su productividad, una consecuencia podría ser pleno empleo. Si así fuera, queda invalidado desde fuera. ¿Y si la persona tuvo sus lagunas voluntariamente? Esto ya entra a tener otro tipo de valoración, porque en justicia, si uno no quiso ahorrar, ¿por qué sería correcto regalarle algo a costa de otros?

El segundo supuesto requiere más definición, porque "jubilación digna" encierra un juicio, donde alguien califica la jubilación. ¿Es una jubilación que permite pagarse cruceros cada seis meses y vivir con lujos? ¿O es una que permita tener tres comidas diarias y una habitación para dormir? ¿Quién lo define?

Tal vez podamos cambiar esa frase por una que encierre algo más objetivo, como: "Es necesario asegurar una jubilación para mantener como mínimo el nivel de vida que las personas tenían mientras trabajaban". Esto ya es mucho más objetivo, y todavía está abierto a debate.

Cuando se usan palabras como "justicia", hay que definirlas bien. Justicia es dar a cada uno lo que le corresponde. Y no es darles a todos lo mismo.

Lo que es interesante al tener estos diálogos es que uno puede ir entendiendo mejor la parte positiva de la propuesta contraria cuando entiende bien el objetivo, siempre y cuando sea un objetivo legítimo.

Volviendo al ejemplo, una visión sistémica de la sociedad nos debe llevar a reconocer que nuestros logros han dependido de la interacción con el resto. En concreto, Bill Gates nunca se habría enriquecido si millones no hubieran comprado sus productos. Y un empleado no habría tenido trabajo si los clientes no hubieran elegido los productos de la empresa. Y ninguno de nosotros disfrutaría de los iPods si Apple no los hubiera inventado.

Por lo tanto, puede argüirse que, en justicia, todos deben recibir una compensación adecuada a su contribución, y todos debemos contribuir a esa compensación. Y eso es la remuneración.

Por otro lado, por la misma razón de que el valor que recibimos se debe a las interacciones, a ninguno de nosotros le conviene que haya personas o grupos en nivel de indigencia. Todas esas personas son capaces de contribuir con mejor interacción si tienen un nivel mínimo de seguridad. ¿Cómo lo logramos? ¿Obligando a otros a proveerla?

Obligar es un camino que conduce a mínimos que no son logros personales, lo que es muy frustrante, y además es siempre insuficiente. Parece que el mejor camino es lograr mejor sincronización entre lo que las personas pueden hacer y la sociedad demanda, organizándose libremente como quieran: en empresas, o como *freelancers*, u otros esquemas. Ya mencioné a Alfredo Barriga y su libro *Futuro-Presente*, donde muestra tecnologías muy disruptivas en las relaciones laborales del futuro. A medida que crecen las posibilidades, se introduce nuevo conocimiento que puede disolver las contradicciones.

Lo que sí es condición necesaria para que este ejercicio tenga algún resultado es que todos los involucrados acepten que la lógica es la que guía un razonamiento correcto. Y la lógica tiene reglas muy precisas, como ya estableció Aristóteles:

- A es A. Algo es lo que es y no es otra cosa.
- Algo no puede ser y no ser al mismo tiempo.
- No existe una tercera posibilidad; o es o no es.

Leibnitz agregó una cuarta: todo tiene una causa[92].

Y otra condición es que las personas tengan la autodisciplina para cambiar de hábitos cuando aprenden algo. Y eso cuesta.

DISEÑANDO ACCIONES

Una vez acordadas algunas premisas, podemos diseñar acciones que logren los dos objetivos simultáneamente.

En este ejercicio es bueno anticipar todos los posibles efectos negativos que puedan derivarse de las acciones propuestas, y así evitarlos.

Es un ejercicio de lógica e intuición. Los efectos que vamos a evitar no existen todavía, antes de las acciones. Podemos apoyarnos en la intuición de las personas y, no menos importante, su tendencia a criticar ideas ajenas, para proponer las acciones que hemos pensado y pedimos la opinión.

Es muy raro que no haya al menos una advertencia. Nuestro trabajo será convertir esas advertencias de que algo puede salir mal en potenciales hechos indeseables. Si no se logra escribir una crítica en términos de un hecho, entonces es un temor infundado.

Cuando hemos hecho la lista de potenciales hechos indeseables, podemos ir uno por uno extrayendo explícitamente las premisas que lo explicarían.

¿Por qué realizando esta acción tendremos este potencial hecho indeseable? Y la lista de razones son las premisas.

Nuevamente se puede validar o invalidar cada una de las premisas. Puede ser que la premisa no fuera válida y se requería conocimiento, como "mientras antes empiezo, antes termino", o que uno pueda agregar algo a la acción que la invalide.

En TOC tenemos una herramienta fantástica para hacer esto metódicamente. Se llama la Rama lógica de causa suficiente.

---

92. Aristóteles usó este argumento para razonar que no puede haber infinitas causas, por lo que es lógico que exista una causa no causada, o motor inmóvil.

Resumen

Todas las contradicciones que generan hechos indeseables pueden ser eliminadas.

Eliminando contradicciones se incrementa la sincronización del sistema, lo que acrecienta el valor para todos los integrantes del sistema.

Siempre es conocimiento lo que disuelve la aparente contradicción.

Para que este mecanismo sea eficaz, se requiere personas que tengan honestidad intelectual y un adecuado manejo del razonamiento lógico.

La teoría de las restricciones, la creación del Dr. Goldratt, es el mejor cuerpo de conocimiento para identificar y eliminar contradicciones en sistemas.

Resumen de la gestión sistémica con la teoría Goldratt

EL PRIMER MOVIMIENTO de la academia y de los gerentes debe ser el reconocimiento de la naturaleza sistémica de las empresas y de las organizaciones en general.

Creo haber aportado suficiente lógica para concluir que las organizaciones son sistemas. Y también creo que no encontraré mucha oposición a esta idea.

Este reconocimiento lleva a estudiar las características y comportamientos de los sistemas. Al respecto, mi deducción, después de estudiar a algunos autores y de observar la evidencia en mi práctica profesional, es que la característica fundamental de los sistemas es que el valor que generan es directamente proporcional al grado de sincronización entre sus partes relacionadas.

Y lo creo porque generan el valor a través de las interacciones entre las distintas partes, no como suma de acciones, sino que como resultado emergente de las interacciones.

> Por lo tanto, la clave para administrar organizaciones es tomar decisiones que incrementen la sincronización.

La sincronización se incrementa cada vez que se elimina una contradicción que ha generado hechos indeseables. Y el reconocimiento del hecho y la deducción de su causa es parte fundamental del entrenamiento que debe recibir cualquier persona con responsabilidades de gerente.

Por otro lado, la teoría del Dr. Goldratt es un cuerpo de conocimiento con principios, herramientas y aplicaciones, que se enfoca precisamente en eliminar contradicciones.

Por lo que creo que, por ahora, la teoría de Goldratt es el mejor cuerpo de conocimiento para guiar las decisiones de los gerentes de cualquier organización.

Todo conocimiento acerca de la realidad, ya sea de las ciencias básicas como física, química o biología, o de las ciencias que involucran comportamientos humanos como la psicología, la economía, las finanzas y otros, encuentra su lugar en la administración cuando contribuye a incrementar la sincronización.

A mi parecer, esta es una propuesta mucho más simple para abordar la administración[93] que lo que he observado en los programas de pregrado y posgrado.

Más simple, pero para nada fácil. El camino que queda por recorrer es tan vasto como el conocimiento que queda por descubrirse.

---

93. N.A.: Digo aquí administración como el equivalente a lo que en inglés se conoce como *management*.

Anexo: ejercicio de toma de decisiones

LA OPERACIÓN CONSISTE en cuatro recursos idénticos, que gastan $1.000 a la semana cada uno, produzcan o no produzcan (salarios, manutención, etc.). Estos recursos trabajan 8 horas diarias de lunes a viernes, así que su capacidad instalada es de 60x8x5 = 2400 minutos/semana. No existen tiempos de preparación, para hacerlo más sencillo.

Además, se gastan otros $2.000 a la semana en arriendos y otros gastos. Mantendremos sencillo el ejemplo, así que supondremos que es un gasto totalmente fijo.

Y esta operación, que está bajo su cuidado, produce dos productos solamente:

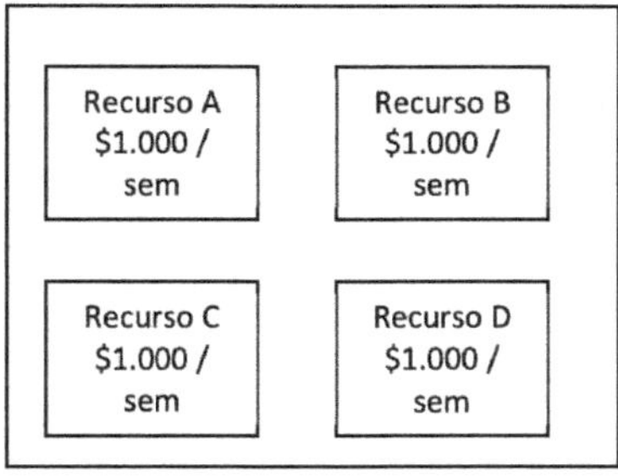

Productos	Precio $/Unidad	Demanda Unidades/Semana
P	$90	100
Q	$100	50

Y los produce a partir de una parte comprada y tres materias primas, de idéntico costo por unidad.

El flujo del proceso es como se muestra en la figura de la página siguiente.

La figura se interpreta de esta manera:

Se toma una unidad de materia prima RM1 y se procesa 15 minutos en el recurso A. Después se procesa 10 minutos en el recurso C.

Paralelamente, una unidad de materia prima RM2 se procesa 15 minutos en el recurso B y 5 minutos en el recurso C.

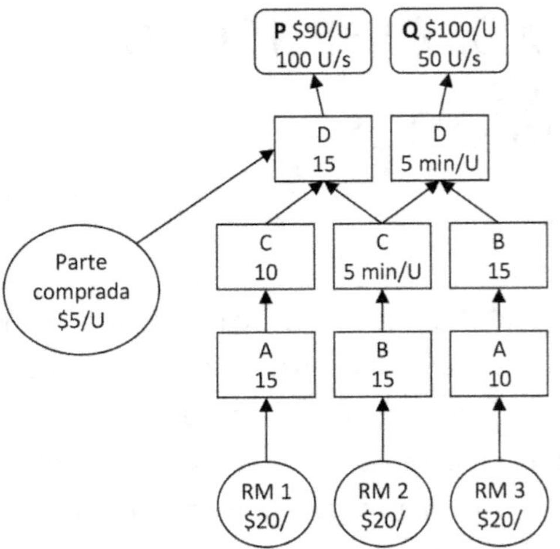

Estas dos partes se ensamblan en el recurso D, junto con una parte comprada externamente, lo que demora 15 minutos, quedando una unidad de producto terminado P.

Como gerente de esta operación quiere maximizar la utilidad neta y su primer cálculo es producir todo lo que el mercado quiere comprar:

Ventas semanales	100 unidades de P a $90 50 unidades de Q a $100	$9.000 $5.000
Gasto de materia prima	100 unidades de P a $45 50 unidades de Q a $40	($4.500) ($2.000)
Gastos fijos semanales		($6.000)
Utilidad neta semanal		**$1.500**

Si usted no planifica la producción, puede haber una sorpresa desagradable a fines de la semana. Veamos cuántos minutos requerimos en cada recurso para poder satisfacer esta demanda:

	100 unidades de P	50 unidades de Q	Tiempo total
A	1500	500	2000
B	1500	1500	3000
C	1500	250	1750
D	1500	250	1750

Al recurso B le estamos pidiendo más de lo que puede dar. Es muy posible que se dé cuenta tarde y deje demanda insatisfecha.

Lo primero que quiero hacer notar es que si no hubiera existido este problema de insuficiencia de capacidad, no hubiera necesitado tomar ninguna decisión operacional. Por lo tanto, cualquier esfuerzo por reunir información habría sido pérdida de tiempo. Es mejor dedicar ese tiempo a vender más, por ejemplo.

Pero la capacidad no es suficiente y no puede aumentarla, así que hay que decidir la mezcla de producto que se producirá para maximizar la utilidad neta.

Intuitivamente sabemos que este problema se resuelve encontrando el producto que aporta mayor utilidad, el más rentable. Hagamos el ejercicio de reunir la información de costos de producto primero:

	Producto P	Producto Q
Precio	$90	$100
Costo unitario de materia prima	$45	$40
Cantidad de minutos para producir una unidad	60 min	50 min

El producto Q tiene mejor precio, menor costo de materia prima y menor esfuerzo de producción (lo que significa menos costo asignado por cualquier sistema de contabilidad de costos, incluso ABC).

Según esta información, el producto Q es el más rentable para la empresa, por lo que la mezcla sería:

P	60
Q	50

A continuación, recibe el informe de un ingeniero industrial recién contratado, al que le gustan los modelos matemáticos y muestra lo siguiente:

La función objetivo que debemos maximizar se compone sumando la contribución de cada unidad de P vendida, de cada unidad de Q vendida, descontando los gastos fijos de la operación.

La contribución de cada unidad de P es su precio menos lo que pagamos por la materia prima y la parte comprada: $90 - $40 - $5 = $45.

Lo mismo ocurre con la contribución de Q: $60.

Y esta función tendría un máximo de infinito si no estuviera restringida por dos cosas: el mercado y la capacidad interna. Con esta información se ha construido el siguiente modelo:

$$\text{Max:} \quad 45\,P + 60\,Q - 6000$$

Sujeto a:

$$P \leq 100$$
$$Q \leq 50$$

$$\left.\begin{array}{l} A: 15\,P + 10\,Q \leq 2400 \\ B: 15\,P + 30\,Q \leq 2400 \\ C: 15\,P + \;5\,Q \leq 2400 \\ D: 15\,P + \;5\,Q \leq 2400 \end{array}\right\} \text{Restricciones de capacidad}$$

Restricciones de demanda

Después de verificar que está todo correcto, se utiliza un computador y se resuelve. Este modelo es sencillo y puede hacerse con la herramienta Solverdel Ms-Excel.

El resultado que se obtiene es la mezcla óptima según el modelo:

P	100
Q	30

Espero que a estas alturas no desprecies los modelos de los ingenieros jóvenes sin darles una oportunidad, porque lo que está muy claro es que uno de los dos está equivocado. Claro que es mucho más sencillo el de los costos, así que esperemos que estas ecuaciones no estén tan correctas. Revisemos el resultado de aplicar uno u otro modelo calculando la utilidad que resulta de cada una de las mezclas propuestas:

Utilidad según mezcla de costos:

Ventas	60 P x $90	$5.400
	50 Q x $100	$5.000
Materia prima	60 P x $45	($2.700)
	50 Q x $40	($2.000)
Gastos fijos		($6.000)
Utilidad neta semanal		**($300)**

Estas son malas noticias, pero todavía falta saber si con la otra mezcla se pierde más o menos dinero.

Utilidad según programación matemática:

Ventas	100 P x $90	$9.000
	30 Q x $100	$3.000
Materia prima	100 P x $45	($4.500)
	30 Q x $40	($1.200)
Gastos fijos		($6.000)
Utilidad neta semanal		$300

Igual, pero ¡positivo! O sea que ahora se gana dinero en vez de perderlo.

La conclusión es que si acabamos de encontrar un caso donde la información de la contabilidad de costos conduce a una pésima decisión, entonces no podemos confiar nunca más en ella.

Así que ¿ahora habría que empezar a utilizar la programación matemática en todas las operaciones? Eso sería monstruoso. Por lo menos a mí me pareció muy complicado resolver este sencillísimo problema. ¿Se imagina lo que sería si hay decenas, centenas, miles de productos? Y ¿qué decir de las demandas, basadas en pronósticos sin ninguna exactitud? ¿Y de los tiempos de producción, que basta un operario enfermo y todo cambia? Seguir imaginando ese escenario es una pesadilla, así que pensemos un poco más.

Utilicemos lo que ya sabemos. Si no existieran restricciones de mercado o capacidad, la utilidad sería infinita. O sea que lo que determina la utilidad máxima son las restricciones.

Miremos esto con más detención. ¿Todas las restricciones del ejemplo actuaron igual? En las de mercado, el caso de Q no restringió para nada la utilidad; se podía vender hasta 50 unidades y quedamos en 30. De hecho, si todas las de mercado hubieran actuado, eso es síntoma inequívoco de que la capacidad interna no está restringida.

¿Qué pasó con las de capacidad? Para saberlo, veamos nuevamente la tabla que construimos para saber si se podía producir todo o no:

Recursos	100 unidades de P	50 unidades de Q	Tiempo total
A	1500	500	2000
B	1500	1500	3000
C	1500	250	1750
D	1500	250	1750

Aquí vemos que nos sobra capacidad en los recursos A, C y D. Así que la restricción que limita la generación de beneficios es el recurso B.

Sabiendo que B es la restricción, debemos hacer algo para decidir la mezcla que maximiza la utilidad.

Hagamos caso de los cinco pasos del proceso de mejora continua del Dr. Goldratt. De hecho, basta con los dos primeros para encontrar la mezcla:

IDENTIFICAR la restricción del sistema

Ya sabemos que es el recurso B.

Decidir cómo EXPLOTARLA

Aquí hay que usar el sentido común. Si el recurso B nos impide ganar más dinero, un minuto perdido allí significa menos dinero. Eso significa que el tiempo dedicado a P se le quita a Q. Entonces veamos cuánto dinero genera por minuto cada uno de los productos.

Ya sabemos la contribución total bruta de cada unidad de P, $45. Y de la de cada unidad de Q es $60.

Si para cada unidad de P se requieren 15 minutos en B, entonces, cada unidad de P contribuye con $45/15 min = $3/min en la restricción.

Asimismo, si por cada unidad de Q se requieren 30 minutos, y cada unidad de Q contribuye con $60 al total, entonces cada unidad de Q contribuye $2/min.

Con este procedimiento se llega a la misma conclusión que con la programación matemática y es mucho más simple.

Lo resumiré en una tabla que usted puede construir hoy mismo en su operación, cualquiera esta sea:

Producto	Tasa de transferencia efectiva unitaria Tu[a]	Minutos de proceso en la restricción	Tu/minRRC[b]
P	$45	15	3
Q	$60	30	2

[a] Aquí corresponde poner el margen de contribución bruto, pero asumo que ya se leyó la parte donde se define dicha tasa, así que se usará este término.
[b] RRC: Recurso Restringido de Capacidad.

Entonces, la cuarta columna indica la rentabilidad real de cada producto. Hágalo y se sorprenderá: algunos de sus productos favoritos no son los más rentables, y viceversa.

BIBLIOGRAFÍA

Ackoff, R. y Wardman, K. (1984). *From mechanistic to social systemic thinking*. Recuperado de https://thesystemsthinker.com/from-mechanistic-to-social-systemic-thinking/

Altshuller, G. (1996). *And suddenly the inventor appeared: triz, the theory of inventive problem solving*.

Barriga, A. (2016). Futuro Presente: *Cómo la nueva revolución digital afectará mi vida* (Spanish Edition) (Spanish) Recuperado de: https://www.amazon.com/dp/9563628454

Chan Kim, W. y Mauborgne R. (2005). *Blue Ocean Strategy*.

Checkland, P. (1999). *Soft systems methodology in action*.

Drucker, P. (2002). *Managing for the Next Society*.

Goldratt, E.M. (2009). *Isn't it obvious?*

Goldratt, E.M. (2008). *The Choice*.

Goldratt, E.M. (2008). *Standing on the shoulders of giants*.

Goldratt, E.M. (1990). *El síndrome del pajar*.

Goldratt, E.M. (1984). *La meta*.

Horngren C.T., Datar S.M., Rajan M.V. (2015). *Cost accounting, a managerial emphasis*.

Jacques, E. (1951). *The changing culture of a factory: a study of authority and participation in an industrial setting*.

Kofman, F. (2012). *La empresa consciente: cómo construir valor a través de valores*.

Kahneman, D. (2012). *Thinking, fast and slow*.

Newton, I. (1687). *Philosophiae naturalis principia mathematica*.

Pink, D. (2010). *Drive: the surprising truth about what motivates us*.

Pirasteh, R. y Fox, R. (2015). *Profitability with No Boundaries*.

Ridley, M. (2010). *The rational optimist, how prosperity evolves*.

Sinek, S. (2011). *Start with why: how great leaders inspire everyone to take action*.

Sinek, S. (2014). *Leaders eat last: why some teams pull together and others don't*.

Winslow Taylor, F. (1919). *The principles of scientific management*.

Referencias en la web

Systems Design & *Management*, the Massachusetts Institute of Technology's master's program in engineering and *management*.

>   https://sdm.mit.edu/

Instituto LEAN

>   www.institutolean.org

TOCICO: Theory of Constraints International Certification Organization

>   www.tocico.org

La sorprendente verdad acerca de lo que realmente nos motiva

>   https://www.youtube.com/watch?v=Razk7UiUhl8

Cómo los grandes líderes inspiran la acción

>   https://www.youtube. com/watch?v=7HvYUlH4mkA

¿Resistencia al cambio?

>   https://www.youtube.com/watch?v=YvV0-_sel3I

ICPR AMERICAS 2004

>   https://www-2.dc.uba.ar/alio/doc/CFP_ICPR_2004.pdf

Lean Six Sigma. Sistema de gestión para liderar empresas

Luis Socconini, Carlo Reato

Lean Company. Más allá de la manufactura

Luis Socconini

Lean Six Sigma Green Belt, paso a paso

Luis Socconini, Eduardo Escobedo

Lean Energy 4.0. Guía de Implementación

Luis Socconini, Juan Pablo Martín

Lean Manufacturing. Paso a paso

Luis Socconini

Lean Six Sigma White Belt. Manual de certificación

Luis Socconini

Lean Six Sigma Yellow Belt. Manual de certificación

Luis Socconini

Lean Six Sigma Green Belt. Manual de certificación

Luis Socconini

Lean Six Sigma Black Belt. Manual de certificación

Luis Socconini

Plan de marketing. Diseño, implementación y control
Ricardo Hoyos Ballesteros

Cómo gestionar la cadena de suministo
Ed Weenk

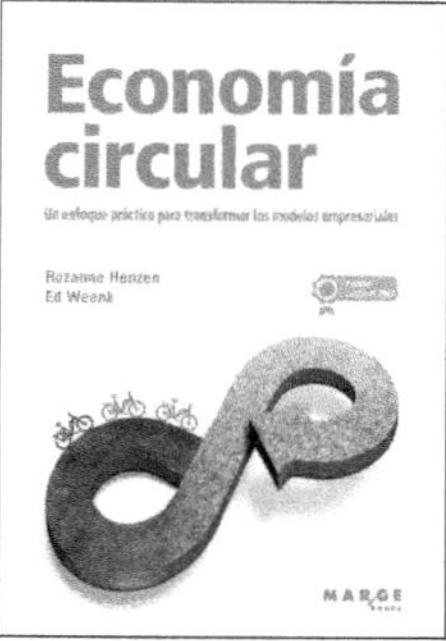

Economía circular. Un enfoque práctico para transformar los modelos empresariales
Rozanne Henzen, Ed Weenk

Manual de estrategia de operaciones
Ángel Caja Corral

Gestión de inventarios. Métodos cuantitativos
Marco Espejo González

¡Olvídate de lo urgente! Enfócate en lo importante
Matías Birrell Rodríguez, Javier Arévalo Jiménez

Competencias directivas
Llorenç Guilera

Indicadores económicos en el comercio internacional
Òscar Mascarilla Miró

Productos y servicios inteligentes y sostenibles
Llorenç Guilera, Antoni Garrell

Brutau, 160 – 08203 Sabadell (Barcelona) – Tel. +34-931 429 486 – marge@margebooks.com – www.margebooks.com